「生きる」「暮らす」を支える

地域包括ケア

エンドオブライフ・ケアを
実現するためのケアマネジメント

後藤 真澄 〈編著〉

■編者

後藤　真澄（ごとう　ますみ）　　中部学院大学看護リハビリテーション学部 教授

■執筆分担及び執筆者紹介（執筆順）

はじめに…………………………	後藤　真澄
第1章……………………………	後藤　真澄
第2章……………………………	入学　佳宏
第3章第1〜3節3………	後藤　真澄
第3節4、コラム…	杉山　篤子
第4章……………………………	清水　律子
コラム…………………	川瀬由起子
第5章第1節………………	安藤　恵美
第2節…………………	後藤　真澄
おわりに…………………………	後藤　真澄

後藤　真澄（ごとう　ますみ）　前出

入学　佳宏（にゅうがく　よしひろ）　岐阜市地域包括支援センター南部 管理者・主任介護支援専門員

杉山　篤子（すぎやま　あつこ）　中部学院大学看護リハビリテーション学部非常勤講師、元医療法人社団医源会
訪問看護ステーション 管理者

清水　律子（しみず　りつこ）　三重県立看護大学看護学部 講師

川瀬由起子（かわせゆきこ）　社会福祉法人新生会 シティタワー・訪問看護ステーション 管理者

安藤　恵美（あんどう　えみ）　独立行政法人地域医療機能推進機構 可児とうのう病院附属訪問看護ステーション 管理者

はじめに

　これまでの日本の医療水準は、世界保健機構（WHO）の健康指標から見るとトップクラスです。ここ数年、平均寿命、健康寿命も世界1、2位を争っており、乳児死亡率においても世界で最も低くなっています。OECD諸国の人口1000人あたりの病床数を見てみると、他国に比べ、日本は13.1と、最も高くなっています（2016年：図1参照）。わが国は、「国民皆保険制度」「医療へのフリーアクセス」「病床数の多さ」に示されるように、全ての人が質の良い医療を受けられるという点で、医療の高水準を達成してきました。

　しかし、国連の「世界幸福デー」の幸福度ランキングを見ると、54位（2018年）であり、医療水準に比し格段に低く、先進国の中では最下位となっています。幸福度は、一般的には生活水準、福祉水準、生活の質（QOL）と様々な指標が用いられていますが、その中でも福祉水準は重要な決め手となります。一般的に、福祉は市民に最低限の幸福と社会的援助を提供するとしています。福祉水準の指標では、国内総生産（GDP）に占める社会保障給付費の割合を用います。OECD諸国の指標から見ると、日本はフランス、ベルギー、フィンランドやデンマークに比し、かなり低い水準となっています（2013年：図2参照）。これからの日本社会は、高水準の医療（生きる）と生活を守る福祉（暮らす）のさらなる向上があってこそ、日本人の幸福度も高まる、といえるのではないでしょうか。

　今日、わが国では諸外国に例を見ないスピードで少子高齢化が進み、やがて、「1人の若者が1人の高齢者を支える」という厳しい社会が訪れます。すでに、後期高齢者が急増し、保健・医療・福祉に対するニーズが増大しており、社会の変化に対応できる人材の育成が望まれています。

　多くの場合、後期高齢者は複数の疾患を抱えています。その多くが老化や機能低下が原因であり、根本的な治療は難しく、急変や増悪を繰り返し、人生の終末は、病院で寂しく終える場合が多いといえます。今後は、治せない病気や障がいと共に、住み慣れた地域で自分らしい人生を全うできる医療が必要です。現在は、現実的な対応として、病院・病床機能の分化・強化と連携、在宅医療の充実が迫られてきています。その中で、看護は、病院から福祉施設、在宅へと、地域に向けて広範囲に必要とされており、多様な場で多様なアプローチにより「予防から看取りまで」に対応できる専門性を持たねばなりません。看護は「生老病死」という人生の極めて重要な出来事に関わり、「尊厳ある生への実現」を支援する役割があります。とりわけ、人生の最期まで、その人らしい価値ある生き方を実現できるend-of-life care（エンドオブライフ・ケア）を支える看護の役割は、非常に大きいと思います。

　しかし、今現在、厚生労働省が推進する「地域包括ケア」体制の中で、重要な役割を担う看護師に向けての教育が十分とは言えません。個人や家族が暮らす地域における「尊厳ある生の実現」のため、地域完結型の保健、医療、福祉、介護、見守りなどの日常生活支援を、包括的に提供する地域のケアシステムが大切になってきます。

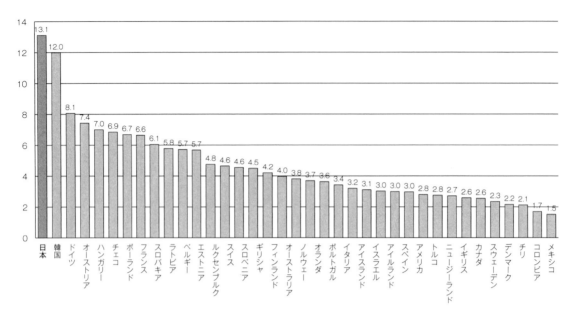

図1　OECD諸国の病床数（人口1000人当たり：2016年）

資料：ウェブサイト「Social Expenditure Database（SOCX）」より筆者作成
　　　https://data.oecd.org/（2018.4.2閲覧）
注1：病床には、急性期病床、リハビリケア病床、長期ケア病床、および精神病院の病床を含む。ただし、国によりそれぞれの病床に含まれる基準が異なっているため、一概に比較できない。
注2：オーストラリア、イタリア、アイルランド、アメリカは2015年の値。

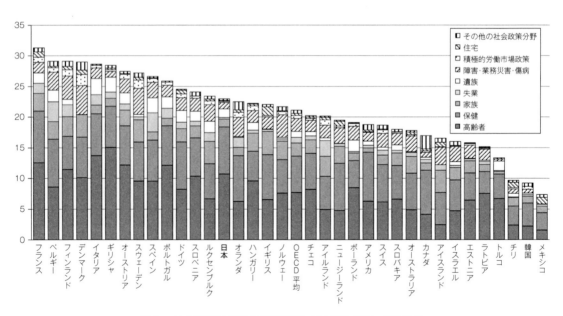

図2　社会保障給付費の国際比較（OECD諸国：2013年）

資料：図1に同じ
注1：税や社会保険による社会支出（Social Expenditure; Public and mandatory private）の対GDP比である。日本の厚生年金保険からの給付はPublic、厚生年金基金からの給付はmandatory privateである。
注2：ギリシャ・ポーランドは2012年の値。メキシコ・デンマークの「失業」、及びポルトガル・トルコ・韓国の「住宅」は不詳。

そのために、本著は、ケアマネジメントと在宅看護の関係を示し、看護者のみならず、地域の人々、NPO、市民団体などコミュニティの助け合いによる End-of-Life care（エンドオブライフ・ケア）を目指して創りました。これからは、「地域貢献」できる人材が必要です。看護師は地域の期待に応えることで、看護の専門性を発揮していける時代へと進んでいます。地域の人たちとの関係の中で育っていけることを期待しています。

2018年7月

後藤　真澄

目　次

はじめに

第1章　地域で「生きる」こと、「暮らす」ことを支える（後藤真澄）　1

1　地域とは何か　……………………………………………………………………　1

2　「生きる」こと、「暮らす」こと　………………………………………………　2

　1　「生きる」こと、「暮らす」こととは　2

　2　生活の構造的理解　3

　3　生活の機能的理解　3

　4　看護における生活の捉え方　5

3　エンドオブライフ・ケアの考え方　……………………………………………　6

4　地域包括ケアの考え方　…………………………………………………………　8

第2章　地域包括ケアに必要な「看護」を目指す（入学佳宏）　11

1　地域で創る支援の輪・和・話としての地域包括ケア　………………………　11

　1　ケアの連続性、継続性、統合性　11

　2　専門性の違いからくるヒエラルキーとその課題　12

2　地域の社会資源とネットワークの構築　………………………………………　14

　1　ソーシャル・サポートとソーシャル・キャピタル　14

　2　ソーシャル・ワークの視点　15

　3　エンドオブライフ・ケアの実現に必要な社会資源　16

3　地域包括ケアとマネジメント　…………………………………………………　19

　1　地域包括ケアが必要とされる背景　19

　2　地域包括支援センターの機能と役割　21

　3　地域ケア会議　24

　4　多職種連携の実際　26

4　地域包括ケアの実際　……………………………………………………………　27

　1　認知症の人を支える　27

　2　エンドオブライフ・ケアを支える　35

第3章 ケアマネジメントと在宅看護の過程 39

1 ケアマネジメントの目的と過程（後藤真澄）……………………………………39
- **1** ケアマネジメントとは何か、目指すもの 39
- **2** ケアマネジメントの構成要素と機能、過程 44

2 24時間の生活マネジメント ……………………………………………………49
- 生活をトータルに見る視点 49

3 エンドオブライフ・ケアとケアマネジメント ……………………………56
- **1** 地域でのエンドオブライフ・ケアの現状 56
- **2** エンドオブライフ・ケアの支援過程 56
- **3** エンドオブライフ・ケアのマネジメント 57
- **4** ケアマネジメントと訪問看護（杉山篤子） 60

コラム 訪問看護の体験からの学び 62

第4章 地域でエンドオブライフ・ケアを支える看護の視点 65

1 「生きる」と「暮らす」を支える在宅医療と在宅看護（清水律子）……………65
- **1** 在宅医療 65
- **2** 在宅看護 68

2 エンドオブライフ・ケアへ向けての退院支援と退院調整 …………………70
- **1** 退院支援と退院調整 70
- **2** 病院の看護師による退院支援と退院調整 71
- **3** 訪問看護師による退院支援と退院調整 72
- **4** 退院前カンファレンス 73

3 継続看護 ……………………………………………………………………………74

4 緩和ケアチーム ……………………………………………………………………74

5 エンドオブライフ・ケアにおける看護の役割 ………………………………76
- **1** 療養者の意思の尊重 77
- **2** 医療ケア 78
- **3** 家族への支援 78
- **4** 多職種との連携 79
- **5** 今後の課題 80

コラム エンドオブライフ・ケアを地域看護で支援する取り組み事例（川瀬由起子） 81

第5章 ケアマネジメントの実際 85

1 在宅での看取りを支えるケアマネジメント（安藤恵美）……………………………… 85

2 重度障がい者が自立して地域で暮らすことを支えるケアマネジメント（後藤真澄）…… 94

おわりに　101
巻末資料　102
索引　106

第1章

地域で「生きる」こと、「暮らす」ことを支える

1　地域とは何か

　あなたの住んでいる地域はどこかと尋ねられたとき、あなたはどこまでを自分の住んでいる地域と捉えるか。「地域」といっても、現実の生活の中では、各個人の捉え方が異なり、これが地域であると示すことが難しい。

　辞書で「地域」の意味を見てみると、「区切られたある範囲の土地」「政治・経済・文化の上で、一定の特徴をもった空間の領域、全体社会の一部を構成する」と示されている（『大辞林』三省堂）。さらに、同じような意味を持つと考えられる語句としてコミュニティがある。英語の「community」の意味を見てみると、「（利害・宗教・国籍・文化などを共有する）共同社会、共同体／地域社会、集合体と考える時には単数。構成要素を考えるには複数扱いとする」と示されている（新英和中辞典）。これらの辞書に示されるように、地域やコミュニティには実態がなく、概念であると捉えることができる。コミュニティというのはただ人のつながりや集まりというだけではなく、その「概念」を共有している人たち、共通する考えや約束事を共有している人たちであり、私たちの住んでいる地域は、一つのコミュニティであると定義できる。

　なおWHOでは、地域（community）は、共通する価値や関心と地理的境界を持つ社会的な集団であると説明している（WHO：Report of a World Health Organization Expert Community Health Nursing 1974）。

　日本の地域は、共通する価値によって地理的境界を作っている。例えば、私たちが一番イメージしやすい地域の境界は、地方自治体（行政区）である。その他に、医療による圏域として、医療圏[*1]（医療法）や障害保健福祉圏域[*2]などがある。また、生活圏[*3]（国土交通省）、日常生活圏域[*4]（介護保険）がある。

　また、地域には、都市部で人口の過密している地域もあれば、人口減少が

＊1　医療圏
一次医療圏：一般的な疾病の診断・治療の医療需要に対応するために設定された地域医療単位として定められており、住民にとっての使用頻度が最も高い。市町村を1単位とする。
二次医療圏：疾病予防から入院治療まで、幅広く地域住民の保健医療をカバーする。複数の市町村をまとめて1単位とする。
三次医療圏：高度で最先端の医療を提供する医療圏。原則として都道府県を1単位とする。

＊2　障害保健福祉圏域
障害福祉サービス等の提供体制を整えるのにあたり、市町村だけでは対応困難な各種のサービスを多面的・計画的に整備することにより広域的なサービス提供網を築くため、都道府県の医療計画における二次医療圏や老人保健福祉圏域を参考に、複数市町村を含む広域圏域として設定したもの。

＊3　生活圏
国土交通省の定義によれば、「地域に暮らしている人々が生活機能を共有し、生活の土台としている圏域」「共通のアイデンティティーを有し、地域の資源や特色を活かした将来の姿を共有すべき圏域」。このうち「生活機能を共有」の捉え方としては、生活機能の状況は、教育機関（高等学校）、二次医療、商業施設等で把握、機能を利用している人の動きは、通勤、通学、通院、買い物等で把握するとしている。
出典：国土交通省「生活圏の考え方について」http://www.mlit.go.jp/sogoseisaku/region/21seikatuken/04/03.pdf（2018.4.2閲覧）

＊4　日常生活圏域
市町村介護保険事業計画において、当該市町村が、その住民が日常生活を営んでいる地域として、地理的条件、人口、交通事情、その他の条件を総合的に勘案して圏域を定める（介護保険法第117条第2項より）。小学校区、中学校区、旧行政区、住民の生活形態、地域づくりの単位など、面積や人口だけでなく、地域の特性を踏まえて設置する。

すでに始まっている地域もあり、地域の特徴があると同時に、地域格差も出てきており、全国一律の施策、物差しが当てはまらなくなってきている。それぞれの地域で、自分たちの暮らしにふさわしい地域づくりへの取り組みが必要である。

2　「生きる」こと、「暮らす」こと

1　「生きる」こと、「暮らす」こととは

　私たちは、地域で生まれて、育ち、働き、好きなことを楽しみ、年老いていく。地域社会に関与することなく「生きる」こと、また、世の中で「暮らす」ことは困難である。そして、いつか独り暮らしになり、自分一人で全てのことができなくなったとしても、近所で暮らす人をはじめとした様々な人の支援を受けて、そのつながりを大切にしながら、最後まで住み慣れた「場」で安心して暮らせることを願う。

　「生きる」ことは、この世に誕生し、生物として自身の自律的な営みとして休むことなく、「この世で生存」をすることである。そして、この世に生存し、社会の中で人として成長していく。時実利彦は、より良く生きる人の理解として、人間の「脳」を題材に説明している[1]。脳には、生きている状態を維持する脳（脳幹、脊髄系）、たくましく生きていくための脳（大脳辺縁系）があり、そして人間は、よりうまく適応し、より良く創造的に生きる脳（新皮質系）を備えているという特徴がある。つまり人間は、より良く生きようと日々、目的を持って、より創造的に生きる存在であることを示している。

　私たちは、より良く生きるために、自分が住む地域の中で、家庭という場において、自分らしく日々の生活（活動）を営み、暮らしていく。ここでは、「暮らす」ことは「時間を過ごして生活」していくことであり、生き方（ライフスタイル）や経済的要素を含めて「生活＝暮らすこと」として捉える。

　「生活」の概念について一番ヶ瀬康子は、「第一に生活とは、"生命活動の略"であり、日常的継続性をもっている。それは、死に至るまで一瞬の休むことなく、一定のリズムをもって展開している」「第二に、生活とは、単なる生存ではなく、人間の生活である。（中略）主体的創造的である」「第三に生活は歴史的なものであり、社会的生活を内包している。（中略）一方生活は独自性をもって展開される」[2]と述べている。

第1章　地域で「生きる」こと、「暮らす」ことを支える

　すなわち生活とは、生命、生存を包摂した人間の日常的行為が、環境との相互作用の中で生物的、精神的、社会経済的、文化的に暮らしを立てていくことであり、命、暮らしは、その人の人生とを包括するものであると、捉えることができる。

2　生活の構造的理解

　生活の捉え方をより具体的にし、その枠組みを示そうとしているのが、生活構造の視点である。小関三平は、日常生活を「人間のあらゆる次元にわたる『行為』の連関である」とし、「この連関は、時間軸では非連続的に連続し、空間的には他者のそれと葛藤し交差する」としている。そして、マクロに捉える枠組みを「生産力―生産手段―生活」とし、ミクロの日常生活を捉える枠組みは「生活者―生活力―生活手段―生活関係―生活の場」[3]があるとしている。

　山岸健は、日常生活とは「社会、文化、パーソナリティの交錯するところ」であるとし、それには社会的・文化的世界、時間的・空間的世界、集団・制度、意味・価値・規範、地位と役割、社会行動などが関わるとしている。また、基本的に日常生活を支えているのはコミュニケーションであり、我と汝の関係であり、これらを換言すれば、日常生活は関係性であり、意味・価値・規範の基礎の上にたって、社会的及び文化的関係の中での自らの位置づけを把握することである[4]としている。

　松原治郎の『家庭の生活設計』によれば、生活は6つの構造因子及び6つの生活行動から成り立ち、それはまた相互に密接に関係しているとしている。6つの構造因子とは、①時間、②空間、③金銭、④手段、⑤役割、⑥規範である。そして6つの生活行動は、①生産的、②社会的、③文化的、④家政的、⑤家事的、⑥生理的行動に分けられる[5]。

　日々の生活を捉えることは、あまりにも日常的で個性的、複雑で多面的であり、生活状態や価値観を捉えることが難しく、把握が困難であるが、日常生活の持つ固有性を構造的に捉えていくことから生活の全体像を具体的に捉えることが可能となる。

3　生活の機能的理解

　一方、医学の世界において初めて、それまでの「生命」の視点に「生活」の視点が加わったのは、「日常生活動作」（ADL：activities of daily living）

の概念を導入したことに始まる（G. G. Deaver・M. E. Brown：1945）。それまでの医学では、「生命」の視点が支配的であり、医学モデルによって診断治療が行われていた。医学によって、初めて日常生活を成り立たせるための能力を捉えようとしているのが生活機能の視点である。

ADL の概念は画期的なものであった。生活重視の思想に基づき、移乗、歩行、更衣、トイレ、食事、排泄などの基本的な活動やコミュニケーションに関する活動を含んでいる。これらの動作は、私たちが日常何気なく繰り返している身の回りの動作である。そして、1960年代に、行動学的モデルとして提唱されたものが、手段的日常生活動作（IADL：instrumental activities of daily living）である（M. P. Lawton：1969）。

小澤利男は、ADL は第1に呼吸・循環といった直接的生命機構と、第2に四肢筋力などの身体機能に裏打ちされたもので、社会的行動として拡大される側面と、第3にその活動の巧緻性や自主選択に関わる精神機能を反映するものがあるとしている。ADL のうち、基本的 ADL（BADL：basic activities of daily living）は、歩行など移動に関するものと食事や更衣などの身の回りの動作とさらにセルフケアに関するものを示す。次に個人の生活の場を重視し地域社会における生活活動として手段的日常生活活動（IADL）、社会的動物として拡大される側面として、拡大生活活動（AADL：advanced activities of daily living）を示し、AADL、IADL、BADL は階層構造をなしていると述べている[6]（図1-1）。今日では、QOL（生活の質）の観点から AADL あるいは、趣味や余暇活動（avocational activities）につ

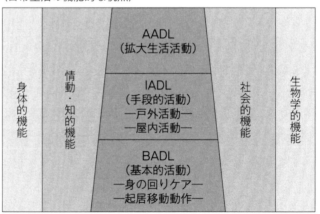

図1-1　ADL の理解

いても重要な課題であるとされている。

以上、医学的な立場からは、「生活」そのものの概念ではなく、「生活機能」という捉え方で、「ADLの概念」から拡大深化しつつ（IADL、AADL）、さらに「QOLの概念」へと発展し、生活への医療的アプローチを深化させてきた。

4　看護における生活の捉え方

看護においても、健全な生活環境を整え、日常生活が支障なく送れるよう配慮し、看護サービスを提供している。今日の在宅看護においては、QOLの向上へ向けて、生活の捉え方が拡大、深化し、本人の価値観を重視する方向へと向けられている。

そして2001年、新たに医学モデルと社会モデルの統合に基づいた生活の機能と障害のモデルとして、WHOの国際生活機能分類（ICF：International Classification of Functioning, Disability and Health）[7]が提示された（図1－2）。このモデルの特徴は、「障害」というマイナス面ばかりを見るのではなく、その人の全体像を見ること、そのために中立的な名称（疾患→健康状態、機能障害→心身の機能・構造、能力障害→活動、社会的不利→参加）を用い、あらゆる領域で使用できる共通言語としたことである。ICFでは、能

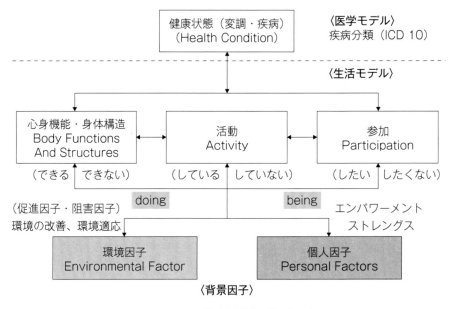

図1－2　国際生活機能分類（ICF）

出典：厚生労働省『国際生活機能分類―国際障害分類改訂版―』（日本語版）2002年に一部加筆

力（活動）の視点を対象者自身の能力（個人因子）と外部環境（環境因子）とに分け、その阻害因子や促進因子を明らかにできる環境相互作用モデルの考え方をとった。また、「環境因子」の分類や「活動」、「参加」の分類が広範囲に加えられ多面的視野に立てるようになった。そして、障害・機能と障害現象への社会の対応に関する記述と情報を充実させ、社会政策面においても意義を持つ。久保は「ICF は、単なる障害を分類した道具ではなく、生活を構成する諸々の機能についての考え方や視点を分類整理したリストであるとともに、生活の質や生活の水準（well-being）を表すものでもある」[8] と述べている。ICF は、対象の well-being（ウェルビーイング）を目指し、対象や環境のストレングスに着目することによりエンパワーメントを促進するものであり、**医療と福祉の統合モデル**として、「ケアマネジメント」に導入されている[*5]。

＊5　本書巻末資料に退院前カンファレンスで必要な情報として示している。

今後、日本は超高齢社会という新しい課題の中で、疾病の治療中心（医学モデル―「直す治療」）から病気を持ちながらも豊かに暮らす「生活モデル」への転換を図ることが、時代の要請となっている。病人や高齢者の介護及び家事までが社会化され、希薄になった地域の地縁関係の重要性が「ソーシャル・キャピタル」として見直されてきている。しかし一方では、無縁社会といわれる中で、孤立死が増加している事実もある。私たちの暮らし方の多様化が進み、自らの生き方が描けなくなってきている時代でもある。

このような地域での暮らしの変化の過程において、今日、どのような人々が、どのようなライフスタイルを選び取り、私たちの生活が描かれるのか。逆に社会構造や価値規範をどのような方向に動かしているのか、という実態も大切となる。

これからの時代は、変化の方向を見定め動くという「価値の時代」へと向いているといえよう。相手が何を望んでいるかについて真摯に考え、本人の価値観を貫き通すことを可能にすることが重要になる。地域の中で、その人が望む場で、その人らしく、最期まで生き切ることが保障される支援システムと臨床のあり方を医療・福祉専門職としても模索していかねばならない。

3　エンドオブライフ・ケアの考え方

「エンドオブライフ・ケア（End-of-Life care）」という用語は、アメリカ人医師が「人生の終焉を迎える直前の時期の患者ケア」としたことが始まりである（Kathleen：1999）。その人の生活や人生に焦点を当てる終末期ケア

第1章　地域で「生きる」こと、「暮らす」ことを支える

を示す考え方として、老いや虚弱といった高齢者ケアを含めることを明確に意図した言葉である。

カナダにおいては、「高齢者のエンドオブライフ・ケア」として定義している。その定義は「生命を脅かす進行性あるいは慢性の状態で生き、あるいはそれによって死にゆく個々の高齢者を治癒し、慰め、支える、能動的で共感的なアプローチを必要とする『終末期ケア』」をいう（カナダ政府諮問委員会作成：2000）。

イギリスでは、1990年頃から「非がんに対しての緩和ケア」が位置づけられ、疾患を限定しないことを強調する言葉として「エンドオブライフ・ケア」という用語が用いられた（Europian Association for Palliative Care：2009）。北米では、緩和ケア・ホスピスケアと同義語で用いられており、死を意識しはじめたころから始まるという広い概念で使われている。

このように、世界的に見てもエンドオブライフ・ケアの定義や考え方はまだ統一されていないが、人生の終焉の時期において、"最善の生を生きる"ことを支援する点で、共通認識がされている。

わが国のエンドオブライフ・ケアに関しては、千葉大学において2000年頃から高齢社会を背景に導入されはじめている。同大学院看護研究科は、その定義を「診断名、健康状態、年齢にかかわらず、差し迫った死、あるいはいつかは来る死について考える人が、生が終わる時まで最善の生を生きることができるように支援すること」[9] としている。また、長江弘子はエンドオブライフ・ケアの考え方として「老いや病を抱えながら地域社会で生活し続ける人々の暮らしのありよう、家族との関係性や生と死に関する価値観、社会規範や文化と関連した、長寿社会における新たな生き方の探求であり、新たな医療提供の在り方も創造に含む幅広い、深い意味がある」[10] としている。

エンドオブライフ・ケアは、生を終えるまで、自分らしく、どう生きるかを問うものであり、その人の暮らしや生活文化に根差した最善の生き方を尊重していく「地域包括ケアシステム」の理念ともつながるものである。この理念をもとにした具体的な活動は、本人や家族ではできないことを近隣関係や地域社会に至るまで、地域の医療・福祉を基盤とした共助社会の構築と文化の創造を目指すものである。現実的には、専門職と市民活動団体の間には壁があり、崩れかかっている地域を再構築していくことはかなり難しい。しかし、私たち一人ひとりが市民であり、自分を取り囲む人々との交流や協働する取り組みをすることによって、地域社会を豊かに変化させていく道を開くことができる。延いては、他人を大切に考える新たな「ケアの文化」を創ることにつながるのではないだろうか。

4 地域包括ケアの考え方

わが国では、2005（平成17）年の介護保険法の改正により、地域を基盤とした「地域包括ケアシステム」の整備を行うため「地域包括支援センター」を設置し、地域密着型サービスを新設した。これがわが国における国策としての「地域包括ケア」の始まりである。当所は介護サービスを中核として高齢者を対象に考えていた。

そして、2013（平成25）年の社会保障改革プログラム法[*6]と2014（同26）年の医療介護総合確保法[*7]にて地域包括ケアシステムの法的定義がなされ、医療と介護等の諸サービスを同格に位置づけた。2015（同27）年からは、高齢者を対象としたものから「全世代・全対象型地域包括支援」への拡大を目指してきた。地域包括ケアシステムは、地域による統合ケア（integrated care）として、医療機能を地域の介護システムの中核に引き寄せ、連携を強化する試みを実現しようとしている[11]。

このシステムの重要なキーワードは、「連携の強化」と「地域」である。Leutz の定義によると連携には、linkage（つながり、連携のレベル）と coordination（調整・協調のレベル）、full integration（完全な統合のレベル）の3つがある（表1−1）[12]。

地域包括ケアの「包括」という言葉は、全体を一つに纏（まと）めるという意味に理解できる。すなわち、「統合」という意味が含まれており、「包括ケア」は、最も連携の強い「統合ケア」をイメージさせる。そこで、なぜ「統合ケア」ではなく、あえて「包括ケア」と使用したのか考えてみる。

＊6　社会保障改革プログラム法
正式名「持続可能な社会保障制度の確立を図るための改革の推進に関する法律」。

＊7　医療介護総合確保法
正式名「地域における医療及び介護の総合的な確保の促進に関する法律」。

表1−1　連携の3つの段階

連携のレベル	概要
Linkage（リンケージ）	連携してケアを提供するが、全体の調整はしないレベル。
Coordination（コーディネーション）	調整されたケアを提供するレベル。
full integration（フル・インテグレーション）	多様なシステム、組織が統合し、新たなプログラムや体系を造りだして統合的にケアを提供するレベル。連携の中でも統合のレベルが最も強い連携を示す。

出典：Leutz. W. N：Five laws FOR integrating medical and social services; lessons from the United States and the United Kingdom. Milbank Quarterly. 77（1）. 1999. 77-110より筆者作成

WHOでは、統合ケアとは「診断、治療、ケア、リハビリ、健康促進など
に関するサービスの投入・提供・管理・組織化をまとめて一括にする」こと
とし、「統合というのはサービスに関するアクセス・質・利用者満足度・効
率性を向上させる手段」であると説明している[13]。また、統合ケアの範囲は、
システム統合（国、行政）と、組織的統合（医療保険制度、介護保険制度等）
と、臨床的統合（病院単位や事業所単位の多職種協働）の3つを基本として
いる[14]。

　わが国の地域包括ケアシステムは、医療サービスと介護サービスの統合を
図るものであり、市町村が中心となって進めるものである。医療においては
現在、救命・延命、治癒、社会復帰を前提とした「病院完結型医療」から、
住み慣れた地域や自宅での生活のための医療や介護を地域全体で支える「地
域完結型医療」を提供できるシステムへの転換が進められている。地域包括
ケアシステムは、「統合ケア」として、保健、医療・福祉サービス、フォー
マル及びインフォーマルの多様なサービスを統合する「臨床的統合」へと進
めてきている。他方で、その提供するシステムを「地域」で創っていくとい
うシステム的、組織的統合が必要とされており、行政及び地域医師会等がそ
の役割を担っている。そして、地域住民の多様なサービスに応じるために、
地域における「支え合い」の機能の充実や様々な支援も必要とされている。

　相田潤や近藤克則らは、健康には「周囲の社会環境の影響」が大きいこと
を指摘し、その決定要因の一つが、人々の絆から生まれる資源である「ソー
シャル・キャピタル」であるとしている[15]。人々のつながりが豊かであるこ
とが、情報や行動の普及や助け合い、規範形成を通じて健康に寄与する可能
性が指摘されているように、健康な地域社会を創ることが、私たちの健康増
進につながると考えられ、地域、社会の果たす役割があらためて見直されて
きている。

　つまり、地域包括ケアシステムは、「統合ケア」という意味と、それを「地
域」で創るという2つの意味を持つのであり、「人々のつながりを地域でシ
ステムとして統合する」と理解することができる。それは全国一律のモデル
ではなく、地域に適した「地域モデル」を創ることになる。そのためには、
地域共生社会の実現に向けた支援体制を地域で築いていく必要がある。

　特に今後は、これまで在宅ケアが困難であった人たち（難病の人、認知症
の人、終末期にある人等）に well-being への取り組みが求められる。医療・
福祉専門職には、24時間365日の「生きる」「暮らす」を支える地域包括ケア
が必要である。地域は、あらゆる局面でのマネジメントを考え、地域を創造
していける人材を求めている。

引用・参考文献

1）時実利彦『目で見る脳―その構造と機能―』東京大学出版会　1969年　27頁
2）一番ヶ瀬康子『生活学の展開―家政から社会福祉へ―』ドメス出版　1984年　13-215頁
3）小関三平「私説・日常生活論の課題と限界」『社会学評論』第37巻第1号　1986年　4-12頁
4）山岸健『日常生活の社会学』（NHKブックス）日本放送出版協会　1978年　2頁
5）家庭の生活設計研究会編『家庭の生活設計』全日本教育連合会　1969年　123頁
6）小澤利男・江藤文夫・高橋龍太郎編『高齢者の生活機能評価ガイド』医歯薬出版株式会社　1999年　12-14頁
7）WHOウェブサイト「Disability and Health（ICF）」
http://www.who.int/classifications/ICF/en/ International Classification of Functioning（現在は閲覧不可）
8）久田信行「国際生活機能分類（ICF）の基本的概念と評価の考え方―「生活機能」と「潜在能力」を中心に―」群馬大学教育学部附属教育実践研究指導センター編『群馬大学教育実践研究』第28号　2011年　179～191頁
9）千葉大学大学院看護学研究科・看護学部ウェブサイト「エンド・オブ・ライフケア看護学」
http://www.n.chiba-u.jp/eolc/opinion/index.html（現在は閲覧不可）
10）長江弘子「領域横断的エンド・オブ・ライフケア事業の成果公開と市民協働シンポジウムとの共同開催シンポジウム　記録集発行に寄せて」千葉大学大学院看護学研究科エンド・オブ・ライフケア看護学編『エンド・オブ・ライフケアを支える語り合い学び合いのコミュニティづくり』2016年　5-6頁
11）厚生労働省ウェブサイト「地域包括ケアシステムの実現に向けて」
http://www.mhlw.go.jp/stf/seisakunitsuite/bunya/hukushi_kaigo/kaigo_koureisha/chiiki-houkatsu/（2018.4.2閲覧）
12）Leutz. W. N：Five laws FOR integrating medical and social services; lessons from the United States and the United Kingdom. Milbank Quarterly. 77（1）. 1999. 77-110
13）WHO：The World health report 2003：Shaping the furture. World Health Organization 2003
14）筒井孝子『地域包括ケアシステムのサイエンス― integrated care 理論と実証―』社会保険研究所　2014年　8-9頁
15）相田潤・近藤克則「ソーシャル・キャピタルと健康格差」『医療と社会』第24巻第1号　公益財団法人医療科学研究所　2014年　57-74頁

第2章 地域包括ケアに必要な「看護」を目指す

1 地域で創る支援の輪・和・話としての地域包括ケア

1 ケアの連続性、継続性、統合性

（1）シームレスケア

　地域包括ケアに求められる支援は「継ぎ目がないケア」である。「継ぎ目がないケア」とは時間的側面と物理的側面の両面に切れ目がない状態が必要であり、それを達成させるためには、問題解決に有効な医療を含めた社会資源が本人の自己決定に基づきコーディネートされ、本人や家族が必要なときに必要な社会資源を切れ目がなく活用できる状態が担保されなければならない。この継ぎ目がないケアをシームレスケアといい、シームレスケアが実現されていれば本人が地域で生き、暮らすために必要なケアの連続性、継続性、統合性が達成される。シームレスケアは行政的な縦割りによる介入では実現が難しく、関わる専門職等が有機的に連携されなければならない。

（2）連携の概念

　シームレスケアの確立に必要なものは「連携」である。「連携」という用語の概念の可視化について野中猛は、「連携」とは「協働」を実現するためのプロセスを含む手段的概念（cooperation）であり、「協働」とは同じ目的を持つ複数の人や機関が協力関係を構築して目的の達成に取り組むこと（collaboration）と述べている。

　地域包括ケアを確立するためには、本人や家族に関わるチームの「連携」が必須である。地域包括ケアにおいて本人や家族を支援するためには、援助において異なった職種、領域等に属する複数の援助者が単独では達成することが叶わない共有された目的を達成するために相互理解と協力関係を通じて援助を展開するシステム全般が求められる。また、この援助者とは専門職、

非専門職にこだわらず、本人や家族にとって必要な者全てをいわなければならない。専門職は、本来、本人や家族は専門職の介入が必要のない中で生活をしてきたという事実を忘れてはならない。あとから介入してきた専門職こそ、非専門職との「連携」を考えなければならないといえる。

2 専門性の違いからくるヒエラルキーとその課題

（1）連携におけるつまずき

全ての連携の場において、問題なく援助が展開されているとは必ずしもいえない。連携がうまく展開していないときとは、目指す方向性の不一致、行わなければならない役割の不明確、情報の共有不足等が挙げられる。連携が図れないときは、どの段階でつまずいているかを認識する必要性がある。この認識を持っていれば、適切な連携展開につながる可能性が高くなる。

看護師は医療知識のある専門職として方向性、役割、情報共有を積極的に行う役目が求められ、その存在意義が大きい。ときには訪問介護職員や通所介護職員等に対して、医師に代わり医療に係る業務指示をしなければならない場面も考えられる。そこでの指示はトップダウン的に行われるものではなく、チームの輪の中で行われなくてはならない。

（2）ヒエラルキーの発生

医療及び介護の連携において捉えておかなければならない課題として、職種による専門性の違いからくるヒエラルキーの発生が挙げられる。以前からあった専門職による連携の重要性の無認識については医療報酬や介護報酬に対する厚生労働省の評価（連携に関する加算）から考えて少なくなることが推測される。しかし、専門性として、指示を出すという指示的機能が求められる医師と、その支持を受けて業務を行う看護師とはその専門性と職業性から連携間で職種ヒエラルキーが形成されやすい。同じように医師法第17条等の解釈[*1]から業として医療行為ができる看護師と、できない介護職員との連携間でも同じように職種ヒエラルキーが形成されやすい可能性がある。生産企業間では流通のあり方や事業規模及び法人規模によりヒエラルキーが逆転することがあるが、医師と看護師、医療側と介護側にあるヒエラルキーには、その専門性と職業性から逆転することがあまり想定できない。

必要なことは、地域包括ケアの中でその専門性と職業性の違いからヒエラルキーができやすい関係性にあるという理解である。さらに、その「上下」からくる認識を本人、家族の目標を達成するための役割の違いとしてポジ

[*1] 医師法第17条等の解釈
医師法第17条に、「医師でなければ、医業をなしてはならない」とある。また、厚生労働省医政局医事課「医師法第17条、歯科医師法第17条及び保健師助産師看護師法第31条の解釈について（周知）」（平成28年11月1日）により医行為の範囲についての解釈が示されている。

ティブに受け入れ、その上で連携することの必要性を認識できる力である。支持を出す・受ける、医療行為ができる・できないをもって専門職としての対等性、平等性を否定してはならない。

（3）インフォーマルサービスの重要性

「地域」という用語の定義は本書第1章で述べたが、この「地域」での生活は、専門職の専門性だけで担保されるものでは当然ない。本人は「地域」に居住しており、その「地域」というプラットホームには家族、近所、自治会といったインフォーマルコミュニティ、そして民生委員[*2]、ボランティア、友人、知人、同級生、顔なじみのお店といったインフォーマルサービスから形成されている。地域で創る支援の輪は、本人を中心に専門職が介入し、その本人を中心とした専門職のチームは、インフォーマルコミュニティやインフォーマルサービスといった「地域」という名のプラットホームの上に確立されるものでなければならない。この理解があって初めて和ができる。さらにその和は、顔の見える関係の中で話を持って進められなければならない。

本人の生活のためには地域包括ケアにおいて、医師、看護師、理学療法士、介護支援専門員といった専門職と、家族、友人、自治会、ボランティアといった非専門職が同じチームとして介入することが重要である（図2−1）。

[*2] 民生委員
民生委員法第1条に「社会奉仕の精神をもつて、常に住民の立場に立つて相談に応じ、及び必要な援助を行い、もつて社会福祉の増進に努めるものとする」と規定されている。市（特別区を含む）町村の区域に置かれている。

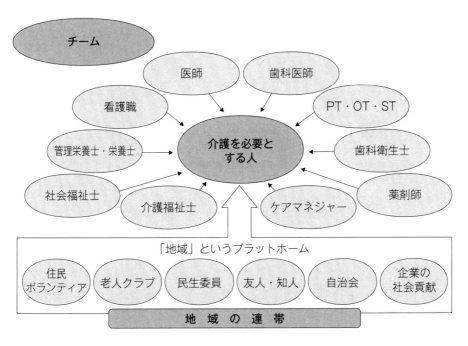

図2−1　専門職と非専門職からなるチーム
※筆者作成

2 地域の社会資源とネットワークの構築

1 ソーシャル・サポートとソーシャル・キャピタル

（1）ソーシャル・サポート

　地域で暮らす以上、人は社会的関係の中に置かれる。それは療養者であっても同じである。この社会的関係の中で行われる支援をソーシャル・サポートという。ソーシャル・サポートは、物質的な支援のみならず、心理的な支援も含めた支援全体の概念である。

　サポートの種類は、①手段的（道具的）サポート（instrumental support）物質的、手伝い、②情緒的サポート（emotional support）共感、認める、ケア、傾聴、③情報的サポート（informational support）知識、情報、アドバイス、④交友的サポート（companionship support）遊びにいくなど所属感、⑤妥当性確認（validation）行動の適切性、規範性の情報提供、フィードバック、社会的比較とされ[1]、医療・福祉専門職が介入する上でも必要な概念となる。適切なソーシャル・サポートを通じて行われる在宅での療養は、本人にとって社会に属しているという思いを強くすることが考えられる。

　医療職は、生活の質を考慮する視点に乏しく、社会との接点が少ない。単に医療サービスを提供するだけでは、地域での生活が成り立たないことを認識し、生活の場における重層的なサポートをするために、福祉職との連携をしなければならない。

（2）ソーシャル・キャピタル

　地域包括ケアにおいて行われるソーシャル・サポートは、専門職と地域のつながりが必要となるが、このつながりの重要性を考える上で必要な概念がソーシャル・キャピタルである。ソーシャル・キャピタルとは、信頼関係とそこから発生する人間関係のことであり、ソーシャル・キャピタルが豊かである地域で暮らすことは地域包括ケアを考える上で重要である。

　ソーシャル・キャピタルが豊かな地域においては、疾病発生リスクの低下・健康の向上に影響を及ぼすことが示されている（図2-2）。相田潤と近藤克則は論文において、「ソーシャル・キャピタル（地域の信頼）が弱い地域に住む女性は、強い地域に住む女性に比べて、要介護状態になるリスクが68％高くなる」[2]という研究内容を紹介している。

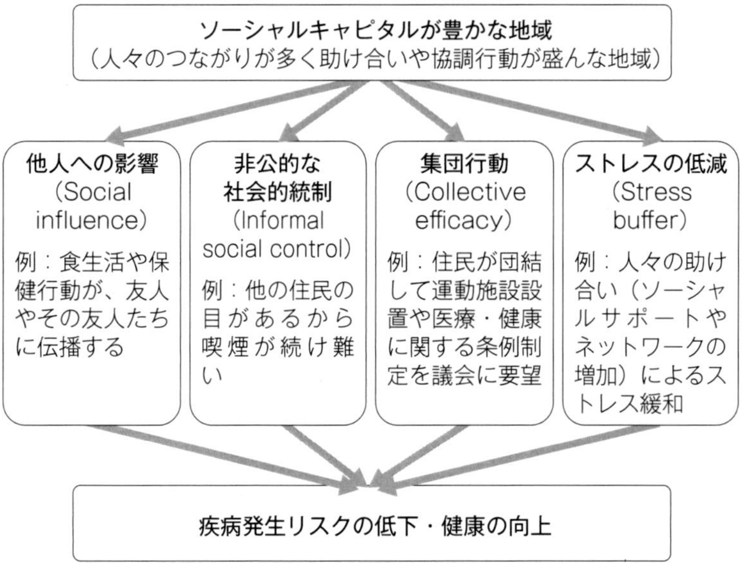

第2章　地域包括ケアに必要な「看護」を目指す

```
                    ソーシャルキャピタルが豊かな地域
              （人々のつながりが多く助け合いや協調行動が盛んな地域）


    他人への影響      非公的な         集団行動        ストレスの低減
     （Social        社会的統制      （Collective      （Stress
     influence）     （Informal       efficacy）        buffer）
                     social control）
    例：食生活や保                    例：住民が団結      例：人々の助け
    健行動が、友人    例：他の住民の     して運動施設設      合い（ソーシャ
    やその友人たち    目があるから      置や医療・健康      ルサポートや
    に伝播する        喫煙が続け難      に関する条例制      ネットワークの
                     い               定を議会に要望      増加）によるス
                                                        トレス緩和


                    疾病発生リスクの低下・健康の向上
```

図2-2　ソーシャル・キャピタルが健康に影響する上での想定される経路

出典：相田潤・近藤克則「ソーシャル・キャピタルと健康格差」『医療と社会』第24巻第1号　公益財団法人医療科学研究所　2014年　62頁

2　ソーシャルワークの視点

　地域の問題解決を遂行するためには、地域固有の人々のネットワークや協力が必要である。ソーシャルワークは、人びとがその環境と相互に影響し合う接点に介入し、地域での課題に取り組み well-being（ウェルビーイング：身体的・精神的及び社会的に良好で健康な状態）を高めるように働きかける役割を担う。

（1）ソーシャルワークとソーシャルワーカーの始まり

　19世紀末から20世紀初頭にかけて、欧米を中心に医療社会問題が深刻化した。例えば、産業革命後のイギリスでは低賃金労働の増加や衛生問題等が発生したが、そういった背景の中で比較的貧しい労働者階級が不安定な生活を強いられ、併せて適切な医療が受けられなくなった。こうした者に対する対応策として発展してきたのがソーシャルワークであり、それを担う専門職としての相談援助技術者、対人援助技術者としてソーシャルワーカーが生まれた。日本においては1929年、アメリカ合衆国においてソーシャルワークを学んだ浅賀ふさ（1894-1986）が聖路加国際病院に於いて勤務することになり、ソーシャルワークの実践が始まったとされている。看護と比べるとソーシャルワークの歴史はまだ浅い。

（2）ソーシャルワークの広がり

その後のソーシャルワークの対象は労働者階級のみならず、社会的に不利な状態にある者全般となり、ソーシャルワーク及びソーシャルワーカーの範囲の幅が広がることとなる。医療技術の進歩等により、ソーシャルワークを必要とする者が増え、さらに相談内容が多様化してきた現在では、医療のみならず、生活全般を支えるために必要な知識がソーシャルワーカーに求められるようになった。そのためソーシャルワーカーには、あらゆる知識と情報とネットワークが必要とされるようになった。なお、介護支援専門員もソーシャルワークを担う専門職の一つである。

（3）ソーシャルワークの視点を持った看護師の必要性

医療のみではエンドオブライフ・ケアの実現は達成されない。エンドオブライフ・ケアを必要とする人やその家族の生活が成り立ってこそ、実現可能となる。

医療ニーズや生活ニーズをサポートするためのサービスは、社会や時代の変化に対応するために、今や25類型53のサービスができている。サービスを利用する人の住居形態も多様になり、諸制度やサービスも多様化し変化してきている。主要なものとして、公的扶助（生活保護）、社会保険（医療保険・介護保険・年金保険・雇用保険・労災保険）、社会福祉（障害者福祉・高齢者福祉等）、公衆衛生（公衆衛生・環境衛生）といった社会保障のほか、権利擁護、司法等様々な制度や社会サービスがある。

多種多様のサービスがある中で、このサービスと実際のニーズをつなぐ介入が必要である。看護師も、医療ニーズのみならず生活ニーズへの対応ができるように取り組み、well-beingを高めることを目的とするソーシャルワークの視点を持って、地域のネットワークの中で専門性を発揮することが望まれる。

3 エンドオブライフ・ケアの実現に必要な社会資源

エンドオブライフ・ケアに必要な諸制度やサービスも多様化し変化してきているが、認知症の人や独居世帯が増えつつある中で、基本的な法制度や社会サービスについて理解しておくことが求められる。

（1）生活保護制度

憲法第25条に規定された生存権*3の理念に基づき定められた制度である。

---

*3　生存権
「すべて国民は、健康で文化的な最低限度の生活を営む権利を有する。国は、すべての生活部面について、社会福祉、社会保障及び公衆衛生の向上及び増進に努めなければならない」（日本国憲法第25条）。

生活扶助（日常生活に必要な費用としての食費、被服費、光熱水費等）、住宅扶助（アパート等の家賃）、教育扶助（義務教育を受けるために必要な学用品）、医療扶助（医療サービスの費用）、介護扶助（介護サービスの費用）、出産扶助（出産費用）、生業扶助（就労に必要な技能の修得等に係る費用）、葬祭扶助（葬祭費用）があり、必要に応じ扶助が支給される。

（2）介護保険制度

介護サービスの費用を、租税を財源とする社会扶助方式ではなく、保険料を財源の中心とする社会保険である。被保険者の地位は一定の要件（被保険者資格）に該当すれば、介護保険法により取得するものであり強制適用となる。職域保険ではなく市町村区域内の住民を被保険者とし、市町村を保険者とする地域保険であり、保険給付は加入期間と無関係な短期保険である。保険事故が発生する原因となる被保険者の特定の状態を保険事故といい、介護保険では要介護状態と要支援状態の2種類に分けられる。

（3）障害者総合支援法

「障害者の日常生活及び社会生活を総合的に支援するための法律」の略称であり、障害者自立支援法より発展した制度である。基本的人権を享有する個人としての尊厳を目的とし障害福祉サービスに係る給付に加え、地域生活支援事業による支援を含み、それらの支援を総合的に行う。身体障害者、精神障害者、知的障害者のみならず難病患者等も対象となる。

（4）生活福祉資金貸付制度（不動産担保型生活資金）

都道府県社会福祉協議会が不動産を担保に生活費を貸し付ける制度である。65歳以上の高齢者が対象で、一般向けと生活保護受給者向けの2種類がある。高齢者本人名義（固定資産上の名義ではなく不動産登記上の名義）の家屋、宅地が要件であり、不動産鑑定士が行う家屋・宅地の評価額に応じて貸付額が決定される。通常の生活費以外の手術代や、冷蔵庫・エアコンの買い替え等の増額もある。

（5）成年後見制度

従来の、通常から心神喪失状態である者を保護するために、「自分で財産を管理する能力がないもの」として後見人をつける禁治産制度を廃止し、2006（平成18）年より開始された制度である。

知的障害、精神障害、認知症等により、財産の管理や契約行為を行うこと

が自分では難しくなる場合がある。こういった状態像の高齢者等を保護、支援するための制度である。本人の判断能力に応じて後見（判断能力が常に欠けた状態）・補佐（判断能力が著しく不十分）・補助（判断能力が不十分）に分かれている。後見人等の選任は家庭裁判所が行う。成年後見の申立ては本人、配偶者、4親等内の親族もしくは市町村長等ができる。選任された成年後見人等の業務は財産管理や契約といった法律行為に限られ、身の回りの介護や世話、医療行為といったことはできない。

（6）日本司法支援センター（法テラス）

　弁護士がいる司法組織であり、国によって設立された公的な法人である。経済的困難者が法的トラブルにあった場合に無料の法律相談を行い、必要な場合、裁判費用や弁護士、司法書士の費用の立て替えを民事法律扶助として行うことができる。その他、情報提供や医療・介護者との連携も行う。

（7）社会福祉協議会

　民間の社会福祉活動を推進することを目的とした社会福祉法人で、社会福祉法に設置根拠がある。フォーマル、インフォーマル、その他様々な関係機関と協力し住み慣れた町づくりを行うことを目的としている。福祉サービス等の相談活動や、ボランティアや市民活動に対する行動支援、赤い羽根共同募金の協力といった全国的な取り組みや、地域特性に応じたサロン活動や住民マップ作り等に取り組んでいる。各都道府県、及び市区町村にある。

（8）認知症サポーター

　自治体等で認知症サポーター養成講座の講師役であるキャラバン・メイトを養成し、そのキャラバン・メイトが開催する認知症サポーター養成講座を受けた者が認知症サポーターとなる。認知症サポーターは特に何かをしなければならないということはなく、認知症の正しい理解と認知症の人とその家族を温かく見守り応援することを目的として養成される。その上で、家族や友人に認知症の理解を求めたり、隣人やお店、公共交通機関といった様々な場所で、行える範囲内で認知症の人の手助けをすればいいとされている。この活動は、WHOや国際アルツハイマー病協会（ADI）からも評価されている。

（9）認知症の人と家族の会

　「認知症の人と家族の会」とは、認知症の人とその家族、つまり当事者のためにある公益社団法人である。発足は1980（昭和55）年と古い。認知症の

人とその家族を支え、認知症になっても安心して過ごせる社会の実現を目指す。各都道府県に支部を持ち、その活動は日本全国に展開している。国や自治体への提言・要望、認知症の理解を深めるための活動・広報、若年支援、研究会・研修会の開催、個別電話相談等その活動内容は幅広く、国際的な活動も行っている。当事者の体験と経験を活かした活動を中心としているため、認知症で苦しんでいる本人や介護をしている家族にとって重要な存在となっている。

3 地域包括ケアとマネジメント

1 地域包括ケアが必要とされる背景

（1）地域包括ケアの必要性

介護保険制度が始まった2000（平成12）年から介護の社会化が推進されてきた。制度施行以降、介護サービス事業所が増え、多くの方が介護サービスを使うようになり介護の社会化という目標はある程度達成されたといえる。

一方、介護保険として給付できるサービスには限界があるにもかかわらず、介護保険制度以外のサービスやインフォーマルサービスが置き去りにされてきた現状があった。「介護保険サービスを使って何とかしよう」から、「介護保険サービスではやってもらえないことが多いから、施設に入所するしかない」と考える要介護者本人やその家族が多くなるのは、当然の結果だったのかもしれない（図2－3）。

そしてその判断は在宅生活をあきらめるという、本人や家族が望まない選択であることが多い。高齢者人口が増え介護給付費が増大していく中で、こうした課題を解消し、住み慣れた地域において高齢者の生活を支える仕組みや生活の場の整備をする。つまり「地域包括ケアシステム」の必要性が問われてきた。この「地域包括ケアシステム」は中学校区を単位とした生活圏域内で構築される。これ以上範囲を広げてしまうと、「医療・介護が必要な本人にとって必要なサービスや必要な人たちが必要なタイミングで30分以内で駆けつける」ことができなくなるからである。

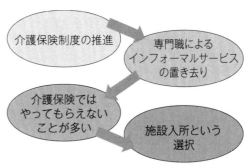

インフォーマルサービスの重要性を無視したことから発生した施設入所という選択

図2－3　施設入所という選択までの経過
※筆者作成

（2）地域包括ケア研究会

　2008（平成20）年、地域における医療・介護・福祉の一体的提供（地域包括ケア）の実現に向けた検討にあたっての論点を整理するため、「平成20年度老人保健健康増進等事業」として組織されたのが地域包括ケア研究会である（座長：慶應義塾大学大学院教授、田中滋）。表2−1に、2016（同28）年までにまとめられた報告書[*4]を挙げる。この地域包括ケア研究会による報告書は、地域包括ケアを知る上でとても重要な資料となる。

　地域包括ケアシステムに関する考え方は常に進化している。地域包括ケアシステムに関わる専門職はこの進化を確認し続けなければならない。

　2017（平成29）年3月に公表された「地域包括ケアシステム構築に向けた制度サービスのあり方に関する研究事業　報告書」（事業：2016年度）においては、2040年に向けた挑戦としてまとめられている。この報告書では、要介護認定率は80〜84歳で急激に上昇し、85歳を超えたあたりから中重度者の割合が増加、看取りニーズも増加し、2040年頃に死亡者数がピークになるとしている。そして「いかにして団塊の世代を看取るか」ということに、2040年に向けた課題が集約されると結論づけている。

　しかし、報告書ではこの課題を「発想を転換する絶好の機会」と捉えた。課題を絶好の機会とするためには、従来の手法や体制の見直しが不可欠で量的な対応以上に、質的な変化が求められる。そのための取り組みとして、①「尊厳」と「自立支援」を守る「予防」、②中重度者を地域で支える仕組みの構築、③サービス事業者の生産性向上、④市町村・保険者による地域マネジメントを挙げた。

　地域包括ケアシステムの意義や役割は変化していくが、その動向には常に

> *4　三菱UFJリサーチ＆コンサルティングウェブサイト「地域包括ケア研究会」参照。
> http://www.murc.jp/sp/1509/houkatsu/houkatsu_01.html
> （2018.4.2閲覧）

表2−1　地域包括ケア研究会による報告書

年度	報告書名
2008（平成20）	地域包括ケア研究会報告書〜今後の検討のための論点整理
2009（平成21）	地域包括ケア研究会報告書
2012（平成24）	〈地域包括ケア研究会〉地域包括ケアシステム構築における今後の検討のための論点
2013（平成25）	地域包括ケアシステムを構築するための制度論等に関する調査研究事業　報告書
2015（平成27）	地域包括ケアシステム構築に向けた制度及びサービスのあり方に関する研究事業　報告書
2016（平成28）	地域包括ケアシステム構築に向けた制度サービスのあり方に関する研究事業　報告書

第2章　地域包括ケアに必要な「看護」を目指す

目を向けておく必要がある。今後、地域包括ケアシステムは高齢者だけの問題にとどまらず、2016（平成28）年7月15日に厚生労働省が立ち上げた「我が事・丸ごと」地域共生社会実現本部[*5]が目指す地域共生社会を実現するためのシステムや仕組みにさえ成り得るものである。

*5　厚生労働省「『我が事・丸ごと』地域共生社会実現本部」。http://www.mhlw.go.jp/stf/shingi/other-syakaihosyou.html?tid=457228（2018.4.2閲覧）

（3）地域包括ケアシステムに係る規定

以下に、地域包括ケアシステムに係る法律上の規定を挙げる。

介護保険法

> 第5条3　国及び地方公共団体は、被保険者が、可能な限り、住み慣れた地域でその有する能力に応じ自立した日常生活を営むことができるよう、保険給付に係る保健医療サービス及び福祉サービスに関する施策、要介護状態等となることの予防又は要介護状態等の軽減若しくは悪化の防止のための施策並びに地域における自立した日常生活の支援のための施策を、医療及び居住に関する施策との有機的な連携を図りつつ包括的に推進するよう努めなければならない。

地域における医療及び介護の総合的な確保の促進に関する法律

> 第2条　この法律において「地域包括ケアシステム」とは、地域の実情に応じて、高齢者が、可能な限り、住み慣れた地域でその有する能力に応じ自立した日常生活を営むことができるよう、医療、介護、介護予防（要介護状態若しくは要支援状態となることの予防又は要介護状態若しくは要支援状態の軽減若しくは悪化の防止をいう。）、住まい及び自立した日常生活の支援が包括的に確保される体制をいう。

2 　地域包括支援センターの機能と役割

（1）地域包括支援センターの設置

2006（平成18）年、介護保険法が一部改正され、初めて地域包括支援センターが位置づけられた。相談援助が業務の主体となるが、その役割は多様であり、広く地域包括ケアシステムの中心的役割を担っている。市町村を責任主体とすることにより、地域独自の活動ができるようになっている。

地域包括支援センターには主任介護支援専門員、社会福祉士、保健師の3職種の配置が求められている。この3職種がそれぞれの専門性を発揮し、包括的支援事業としての包括的・継続的ケアマネジメント、総合相談・支援、権利擁護、介護予防マネジメント等を行っている。担当区域における介護保険第1号被保険者数3,000人から6,000人に対して、3職種を1人ずつ配置しなければならない（小規模市町村に対する例外基準あり）。

2015（平成27）年からは、第1号介護予防支援事業（介護予防・日常生活支援総合事業における介護予防ケアマネジメント）も新たに業務に加わった。

21

そして、包括的支援事業及び第1号介護予防支援事業以外にも指定介護予防支援事業として、要支援認定者のケアマネジメントも求められており、包括的支援事業及び第1号介護予防支援事業として業務をしている職員以外に必要数の担当職員を配置しなければならない。担当職員として認められる資格は保健師、介護支援専門員、社会福祉士、経験ある看護師、高齢者保健福祉に関する相談業務等に3年以上従事した社会福祉主事となっている。

（2）包括・継続的ケアマネジメント

*6　介護保険法第115条の45第2項第3号。

　介護保険法上は[*6]、介護支援専門員が作成する居宅サービス計画や施設サービス計画の検証について主任介護支援専門員を中心に行い、ケアプランを必要とする本人の心身の状況や介護保険等のサービスの利用状況を定期的に協議等することにより、本人が住み慣れた地域で自立した日常生活が行えるようになることを目的としている。

　住み慣れた地域で自立した日常生活を送るためには介護支援専門員のケアマネジメントスキルの向上が必要である。本人ができないことではなく、本人ができること、もしくはできるようになることに着目したケアプランが作成できない介護支援専門員が多い。できないことを補うサービスは、場合によっては本人のストレングスを消失してしまいかねない。ケアプランの検証や協議は、こうしたケアプランを自立支援型に変えていく目的がある。

　また、介護支援専門員は介護保険給付によるサービスのみをマネジメントしてしまう傾向にあるが、介護保険給付でできることは限られている。そのため、事例を通じて介護保険以外の社会保障制度の他、本人や家族の役割、友人の役割、地域住民の役割といったインフォーマルサービスも含めてマネジメントしなければならない。そのために地域包括支援センターは常日頃から、圏域に存在する社会資源（介護保険サービス、それ以外のインフォーマルサービスを含めた様々なサービス）の情報を集めている。圏域内で点として活動しているサービスを点から線、線から面へと構築し、介護支援専門員がマネジメントできるサービスにすることが重要となる。

　さらに、こうしたサービスをマネジメントできる介護支援専門員を育てるための活動として、研修会の開催や、事例検討会を開催することも多い。そして、様々な職種との連携を図るため、顔の見える関係づくりができるような場の提供もしている。

（3）総合相談・支援

　現代の高齢者の相談内容は介護のみにとどまらない。介護、医療・疾病、

健康、施設・病院、心理面、経済面、生活面と多岐にわたる。また、これらの問題が複合している場合も少なくない。

　地域においてこういった高齢者の相談に対して広い知識と面接技術を持って対応することが求められたことから、総合相談・支援を地域包括支援センターで行うこととなった。単に相談にのるだけではなく、本人の心身の状況や生活の実態をアセスメントし、真に必要な情報を提供することが必要であり、関係機関との連絡調整や保健医療の向上、福祉の増進も含めて総合的な支援を行っている。その専門性から社会福祉士が中心になるが、もちろん主任介護支援専門員及び保健師も総合相談・支援を行っている。

　相談に来ることができない、もしくは相談できない人も多くいることから、相談を待つだけでなく、地域の実態把握として独り暮らし高齢者や高齢者世帯等の自宅を周り、積極的に総合相談・支援を行っている。

（4）権利擁護
①消費者被害に対する支援
　判断力や認知機能が低下した高齢者は、訪問販売等による悪質な消費者被害にあいやすい。その被害者数と被害額は増加の一途をたどっている。地域包括支援センターでは、こういった被害にあってしまった人に対するクーリングオフ[*7]等も行う。必要であれば警察や弁護士等との連携も欠かさない。

　また、消費者被害を事前に防ぐために、積極的に地域の公民館等で行われている自治会や社会福祉協議会支部、老人クラブといった場で、被害にあわないための講座も行っている。

②虐待の予防、早期発見
　2006（平成18）年4月1日より「高齢者虐待の防止、高齢者の養護者に対する支援等に関する法律」が施行された。この法律ができた背景には、介護者が介護ストレスにより高齢者を虐待してしまうという事例が多くあったことがある。なお、市町村での高齢者虐待の相談・通報件数は年々増えており、2016（平成28）年度には、通報を受け虐待と判断されたケースだけでも1万5,739件（高齢者の家族、親族、同居人等からの虐待）にのぼった[*8]。

　こういった現状を打破するために虐待の予防、早期発見、対応をする相談機関が必要となり、それを地域包括支援センターが担うこととなった。虐待の予防、早期発見のために社会福祉士を中心として地域で広報活動を行い、実際に虐待の通報があった場合は素早い対応を行っている。

③成年後見制度等
　前述の成年後見制度の説明、適切な申立てを行えるような援助、地域への

[*7] クーリングオフ
独立行政法人国民生活センターウェブサイト「クーリング・オフ」に詳しい。
http://www.kokusen.go.jp/mimamori/mj_volunteer/mj-chishiki24.html
（2018.4.2閲覧）

[*8] 厚生労働省「平成26年度　高齢者虐待の防止、高齢者の養護者に対する支援等に関する法律に基づく対応状況等に関する調査結果」。
http://www.mhlw.go.jp/stf/houdou/0000111629.html
（2018.4.2閲覧）

広報活動を行う。また、地方裁判所の選任ではなく、本人と都道府県等の社会福祉協議会との契約に基づき金銭の管理や福祉サービスの利用の援助を行う日常生活自立支援事業に対する援助も行っている。

（5）介護予防

　従来の介護・福祉の考え方は「サービスが必要な身体になってしまった高齢者をどうするか」に始終しており、予防という観点がなかった。保健としての介護予防はあっても、介護・福祉としての介護予防はなかったといえる。その結果、症状や状態がより重度化してから介護介入に至ることが多かった。それは社会保障のあり方としての介護・福祉の限界を意味していた。

　社会保障費が膨れ上がった今、高齢者に対する介護予防が必要とされるのは必然であり、その役割を地域包括支援センターが担うこととなった。地域における自立した日常生活の支援と要介護状態等になることの予防を目指し、ケアマネジメントや、介護予防教室等の開催を通じて様々な活動を地域で実践している。また、要介護状態になってしまった方に対しても状態の軽減や悪化の防止が行えるよう、本人や介護支援専門員に対する後方支援も行っている。

（6）その他

　地域包括ケアシステムに欠かせないものとして、医療と介護の連携がある。障害を負っても住み慣れた場所で住み続けるためには、医療と介護の連携が必須である。医療と介護の連携は、数年前に比べて発展しているが完璧ではなく、今以上の連携が求められている。

　地域包括支援センターは医療と介護を行政としての立場で結ぶことができる位置にあり、その役割が期待されている。また、認知症の早期における症状の悪化防止や支援、もしくは MCI といった軽度認知障害、認知症疑いの方に対しても総合的な支援を行うことも求められている。多くの地域包括支援センターには認知症地域支援推進委員が設置されており、地域の認知症予防、認知症対策において広く活動している。

3　地域ケア会議

（1）地域ケア会議の設置

　地域包括ケアシステムを構築するためのツールの一つとして位置づけられたのが地域ケア会議である。地域包括支援センターは専門職、非専門職にか

第2章　地域包括ケアに必要な「看護」を目指す

かわらず地域とのネットワークを有している。また、関係機関との連携や関係機関に対する援助、指導も行っている。その地域包括支援センターの機能を最大限に活かす会議として介護保険法に位置づけられた。法的*9には市町村が設置運営することになっているが、この市町村の中に地域包括支援センターが含まれる。地域ケア会議の設置運営は努力義務となっているが、全国の市町村及び地域包括支援センターにより着実に行われている。会議は地域特性を活かせられるように様々な形態を取ってもいいとされており、柔軟に開催されている。また秘密保持義務についても法律に規定されている。

*9　介護保険法第115条の48に規定される「会議」。

（2）地域ケア会議の目的

地域ケア会議の目的については、「地域包括支援センターの設置運営について」*10に記載されているとおり、基本的には個別ケースの支援内容の検討を通じて行われるものである。介護支援専門員が作成したケアプランを検証し、自立支援型のケアプランになっているか、介護給付のみによらず様々なサービスが位置づけられているかを専門職と一緒に検討する。より高度なケアプランになるように話し合い、足りないアセスメント内容やケアプランの目標設定を共に考える。こうすることで、介護支援専門員が法の理念に基づいてケアプランを作成できるように支援していくことが求められている。

*10　地域包括支援センターの設置運営について（老総発0119第1号、老高発0119第1号、老振発0119第2号、老老発0119第1号）。

そのためには、医師、歯科医師、薬剤師、看護師、理学療法士、作業療法士といった医療系の専門職の出席が必要とされている。また、会議を通じ地域のネットワークを構築することも求められている。地域にあるネットワーク、そして地域にないネットワークについて利用者を中心に話し合い、利用者にとって必要なネットワークを提供できるようにすることも必要となる。

しかし、地域ケア会議において専門職、地域の方々の知識やネットワークをもってしても解決できない課題が残される場合もある。こういった課題がその地域の課題でもある可能性も否定できないため、地域に同じような課題を抱えた方がいることを想定し、多くの利用者の地域ケア会議を開催し課題をエビデンス（科学的根拠）化することが重要となる。エビデンス化した課題を市町村に報告し、市町村が課題を解決するための施策設計や事業開発を行うことで、利用者が住みやすい町になっていくことが、地域包括ケアシステムの構築につながる。

利用者一人の課題というケースマネジメントから、地域全体の課題とするコミュニティマネジメントまで目線を広げ、町づくりの一役を担う場が地域ケア会議である。

25

4　多職種連携の実際

（1）「他」職種から「多」職種へ

　介護保険制度が始まる前は、様々な機関・職種等は本当の意味での連携をしていなかったといえる。在宅で生活をする高齢者に訪問看護が導入されていることを知らずに、ヘルパーは業務を行っていた。本人がデイサービスに通っていることを担当医師が知らなくても、誰も問題にしていなかった。何より介護支援専門員がいなかった。

　それぞれの職種がそれぞれの行う業務をするだけであり、情報を共有するという意識がなかったのが実際であった。連携をしなければならないという意識もなかったため、看護師にとってヘルパーは自分の業務に関係ない「他」職種であり、同じように、デイサービスにとってショートステイは「他」職種であった。そんな中でもごく稀に、「他」職種が「他」職種へ情報を伝える場面もあったが、それは高齢者本人や家族を通して自分の言い分を伝えるだけの一方的なものであった。そこに顔の見える関係はなく、あくまで情報は共有するものではなく伝えるだけのものであった。

　介護保険が導入され、情報を共有するという概念が生まれた。これは、医療と介護の連携から考えると大きな進歩である。本人に関わるそれぞれの職種が利用者の解決すべき課題や目標を共有し、チームで達成するという目的が生まれた。ここにおいてお互いが他人でしかない「他」職種から、本人のための複数の職種がチームとして機能する「多」職種という関係性が生まれた。つまり、「他」職種から「多」職種への変換が生じた。

（2）医療と介護の連携推進

　介護保険制度開始前の時代であっても、専門職は利用者本人のために、また利用者本人を中心に考え業務介入をしていた。決して利用者を無視して業務を行っていたわけではない。看護師は看護師として、医師は医師として、そしてヘルパーはヘルパーとして適切に本人に関わっていた。ただ、連携、特に医療と介護の連携という考えがなく、その必要性も感じていなかった。

　介護保険制度が始まり、介護支援専門員という多職種連携のハブ機能となる職種が生まれ、本人中心の「チーム」が形成されるようになった。少しずつではあるが、医療と介護の連携が図られるようになった瞬間である。ここで忘れてならないのは、医師や看護師、つまり医療系の専門職が介護側の業務やその必要性の理解を示してきたことにある。介護側から医療側への連携に対する働きかけがあまりない中で、医師会は早くから介護支援専門員との

第2章　地域包括ケアに必要な「看護」を目指す

研修会等を開催し、積極的に連携を進めようとしてきた。医療と介護の連携は医療側から推進されてきたという側面がある。現場レベルで医療と介護にある壁をなくすためにはどうすればいいのかを一緒に考え続けていた中で、厚生労働省から地域包括ケアシステム推進が推奨され、医療と介護の連携が一気に進んでいくことになった。

（3）本人中心のチーム

　高齢者は地域に住んで生活している。そして多くの高齢者は何らかの疾患を抱え、かかりつけ医を持っている。つまり、自分の住み慣れた地域の中で、生活と医療が密接に関係しているのが高齢者の特徴となっている。

　多職種連携が進んだ今、サービスが必要になった高齢者が医師に相談をすれば介護保険の申請を勧め、地域包括支援センターを紹介する。サービスが必要になった高齢者が地域包括支援センターに相談をすれば、医師と連携を取り、必要なサービスと医療的なリスクを確認しつつ、本人のためにサービスを考える。要介護認定を受ければ、介護支援専門員が介入しケアマネジメントの下、医師・介護支援専門員・必要なサービス等がチームを作り、同じ目標を持って生活を支える。本人中心のチームとは、多職種連携の概念と成功があって初めて可能となる。

　今後も職種を超えた実践現場での連携と、その改善のための研修や会議が行われ、その結果、必要な施策が制定されていくことになるはずである。

4　地域包括ケアの実際

1　認知症の人を支える

（1）認知症を引き起こす疾患

　認知症は病名ではなく症候群であり、認知症の症状を引き起こす疾患は多い。

　認知症の症状は脳の細胞が壊れて直接起こる中核症状である記憶障害、見当識障害、理解・判断力の障害、実行機能障害等と、本人の性格・素質、環境、人間関係等の要因により精神症状や行動に支障が起きる行動・心理症状（BPSD：behavioral and psychological symptoms of dementia）である不安・焦燥、うつ状態、幻視・幻覚・妄想、徘徊、興奮・暴力、不潔行為、食行動異常がある。

（2）10 facts on dementia（認知症に関する10の事実）

　表2－2にて、WHO が2017年に発表した「10 facts on dementia（認知症に関する10の事実）」を紹介する。これは認知症の人を支える専門職として知っておかなければならない事実である。

表2－2　10 facts on dementia（認知症に関する10の事実）

Fact 1 ：Dementia is not a normal part of ageing 　　　　認知症は正常な老化ではない Fact 2 ：47million people live with dementia 　　　　47万人の認知症の人がいる Fact 3 ：A new case of dementia is diagnosed every 3 seconds 　　　　3秒に一人の割合で新しい認知症患者が出ている Fact 4 ：Huge economic impact; US$818 billion per year 　　　　巨大な経済的影響は1年につき818米億ドルである Fact 5 ：Cares of people with dementia experience high strain 　　　　介護している家族は高いストレス状態にある Fact 6 ：Early diagnosis improves the quality of life of people with 　　　　dementia and their families 　　　　早期診断は認知症の人とその家族の QOL を改善する Fact 7 ：People with dementia and families often discriminated against 　　　　認知症の人とその家族はしばしば差別される Fact 8 ：Awareness and advocacy are needed 　　　　（認知症に対する）知識と理解が必要である Fact 9 ：More research and innovation is required 　　　　より多くの研究や評価を必要としている Fact10：Dementia is a public health priority 　　　　認知症は最優先の公衆衛生の課題である

出典：World Health Organization（WHO）10 facts on dementia（日本語訳は筆者による）
　　　http://www.who.int/features/factfiles/dementia/en/（2018.4.2閲覧）

（3）認知症の人の支援とその実際

　地域にはかかりつけ医、地域包括支援センター、行政窓口といったところに、認知症の相談窓口がある。しかし認知症の人、その全てが相談できているとは限らない。場合によってはかなり進行してからの発見もある。徘徊や暴言といった BPSD が出現し、介護者や地域が疲れ切ってからの相談になると解決も難しく、本人の意思にかかわらず施設入所しか答えがないというケースも少なくない。そうはいっても、全てが施設入所という判断になる訳でもなく、地域との連携で継続して在宅で過ごすことができるケースもある。認知症の人の支援は地域との連携があって初めて成り立つ。

　ここで地域包括支援センターが関わった認知症ケースの相談、発見から対応方法等の経過を挙げ、実際を知ってもらうこととする。

第2章　地域包括ケアに必要な「看護」を目指す

事例1　警察からの相談

　車で逆走した身寄りのない独り暮らしのAさん（73歳）を保護した警察から、地域包括支援センターに連絡が入った。できれば運転免許証を返納させたいが本人が納得しないとのこと。

　警察に赴き、Aさんと面接をすると逆走したことを覚えていない。今いる場所を聞くと「病院だ」と答える。認知症の疑いがあるためAさんに確認し、かかりつけ医に連絡を取り外来に付き添った。かかりつけ医の紹介状の下、認知症疾患医療センターにかかり、検査の結果、アルツハイマー型認知症の確定診断が出た。医師より、車の運転は極めて危険であることが伝えられ、Aさんに対して運転免許証の返納を求めたところ、Aさんも理解し運転免許証を返納するに至った。

　しかし、運転免許証の返納により買い物に行けなくなってしまった。Aさんに知りあいがいないか確認すると、働いていた会社の友人が同じアパートに住んでおり手伝ってくれるかも知れないという。Aさんの了承の下、友人へ連絡を取った。友人にAさんが認知症であることを伝え買物の援助ができるか確認した結果、買い物を代わりにしてくれることになった。

　民生委員にもAさんの存在を伝え、独り暮らし高齢者の登録をし、見守りのための訪問をしてもらえることになった。また、介護保険申請の結果、要介護1の認定が出たため訪問看護を導入し、認知症ケア、薬の管理及び機能訓練を行い、在宅生活を継続することができた。

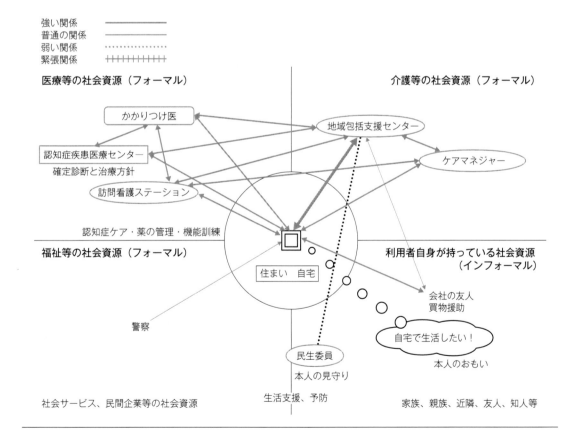

事例2　自治会長からの相談

「最近、ゴミの日ではない日にゴミを出す人がいて困っている。何とかならないだろうか」との相談が自治会長より地域包括支援センターに入った。

ゴミ出しをしているBさん（77歳）の自宅に訪問し面接すると、会話がちぐはぐで、記憶障害や季節の理解がないといった見当識障害も確認した。かかりつけ医を持っていなかったため、在宅医療サポートセンターを通じ、クリニックの医師を紹介してもらい一緒に外来に付き添った。Bさんは大きな病院での検査を拒否したため、クリニックの医師が認知症サポート医との連携によりBさんの認知症に対する医学的フォローを認知症サポート医がすることになった。

その後の介護保険申請の結果、要介護2の認定が出たため訪問介護を導入し、ゴミ出しの支援を行うことになった。こうしてゴミ出しに対する問題はなくなったが、自治会長より「施設入所にはならないのか？」との問い合わせがあった。認知症の理解がないことからくる相談であったため、自治会長をはじめとした地域の方に集まってもらい認知症サポーター養成講座を開催し、認知症の理解を得てもらうよう働きかけた。

その後、地域の方の認知症に対する偏見もなくなり、Bさんに対して自然に声をかけてもらえる地域になり在宅生活を継続することができた。

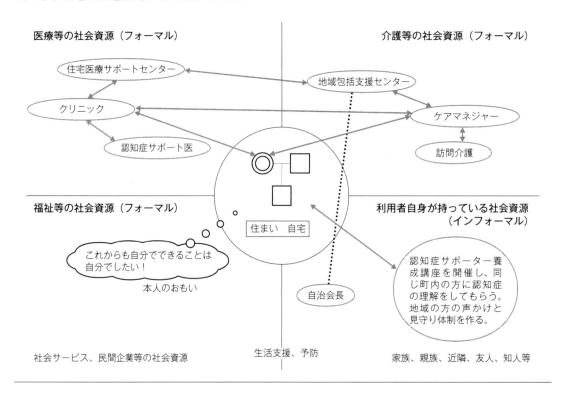

第2章 地域包括ケアに必要な「看護」を目指す

事例3　かかりつけ医からの相談

「他者との交流や訪問を拒否する独り暮らしの患者（Cさん、80歳）がいるが、糖尿病が安定しない。今後の安否確認ができないだろうか」とかかりつけ医より地域包括支援センターに連絡が入った。

何回かCさんの自宅を訪問するが、受け入れてもらえなかった。そこで、自宅の斜め前に住む民生委員に相談をすると、近所に一人だけCさんと話ができる友人がいるという。早速、民生委員と一緒に友人宅へ訪問した。

友人に事情を話すと、実は毎朝食事を届けているとのこと。友人と一緒にCさん宅へ訪問すると受け入れてもらえることができ、Cさんから定期的な地域包括支援センターの訪問について了承してもらえた。民生委員には、夜になった頃に部屋の電気がつくかどうか確認をしてもらえることになり、これで、毎日朝・夕の安否確認ができるようになった。

さらに、友人が届けている食事内容を確認し、かかりつけ医に報告すると、かかりつけ医より食事バランスの悪さの指摘があったため、Cさんの了解の下、配食サービスを導入した。管理栄養士の介入の下、糖尿病食が導入されたことで、糖尿病の症状についても改善することができた。

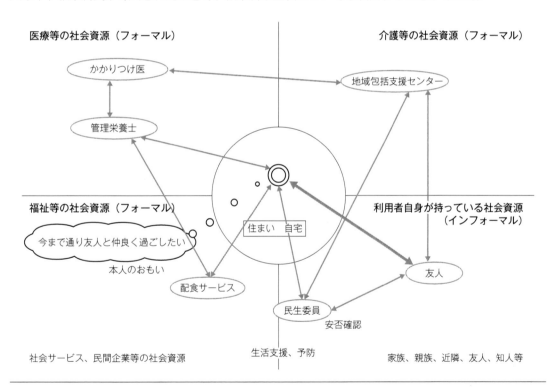

事例4　看護師からの相談

　身体に不自然なあざがあり、虐待の疑いがあるのではないかと診療所の看護師から地域包括支援センターに連絡が入った。Dさん（88歳）は要介護3の認定が出ており、ヘルパーを使っていることが分かったため、担当の介護支援専門員に対し虐待について確認したが、把握していないという。
　介護支援専門員と一緒に本人宅へ訪問し、虐待者の疑いがある長男の嫁（Dさんと同居）と面接した。話を聞くと、介護に対するストレスを強く持っており、介護している最中につい、叩いたりつねったりしていると告白。本当はこんなことはしたくないと涙を流した。
　介護支援専門員と相談し、ショートステイ及び訪問看護を導入することとなった。サービス利用時は看護師による全身確認を必須とし、傷やあざがないかを確認することを徹底した。少しでも傷やあざがあった場合は写真を撮って医師にメールをする体制を整えた。また、家族に認知症の人と家族の会を紹介し、その思いを話せる場も提供した。
　その後、介護者のストレス軽減も達成され、Dさんの傷やあざがなくなった。虐待がなくなったあとも、訪問看護師による全身状態・バイタルサイン・清潔ケアの状況確認、症状に対するケア方法の説明、内服状況の確認、緊急時の対応を継続し、安心した生活を送れるようになった。

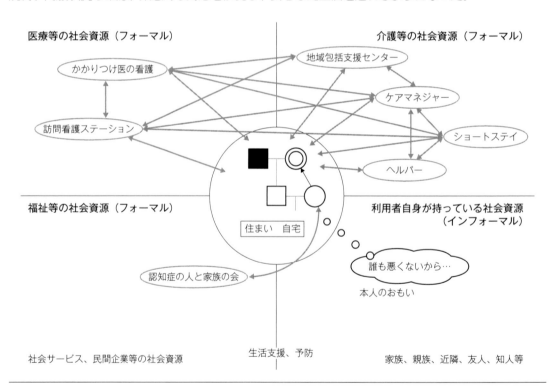

事例 5　生活保護担当ケースワーカーからの相談

　生活保護の担当ケースワーカーより、最近閉じこもりがちで物忘れが多くなったケース（Eさん、65歳）があるので、認知症予防を考えたいと地域包括支援センターに相談があった。

　早速訪問し、簡易知能検査である長谷川式スケール（HDS-R）を施行すると21点だった。本人はもともと外交的なタイプであったが下肢筋力が低下したことによるADLの低下がもとで意欲低下を起こしたようで、無気力状態（アパシー）の可能性があった。Eさん自身ももの忘れの自覚があったため、認知症専門医の外来へ付き添うと、軽度認知障害（MCI）だと診断された。

　総合事業としての介護予防教室に参加してもらうことにし、本人の意欲向上プログラムと生活機能訓練を実施したところ、少しずつではあるが活発に活動できるようになった。介護予防教室で知りあった友人と買い物へ行けるようになり、外出の機会も増えた。その後、もの忘れの自覚はあるものの、疾患によるものというより正常な老化によるものとの理解から、前向きに生活できるようになった。そのため、介護保険の申請はせず、本人の自立した生活を見守ることとなった。

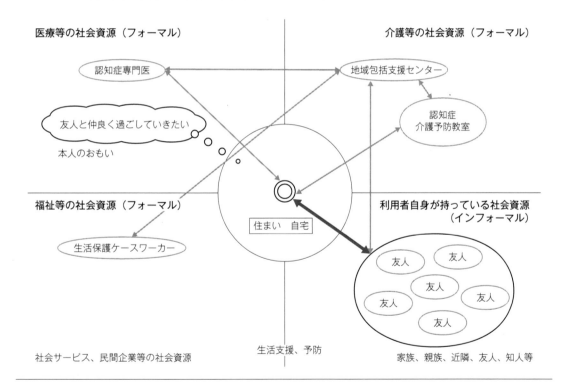

（4）認知症ケアは認知症の人を知ることから

　認知症は、その病気を知り理解することも大切であるが、それだけでは課題解決は充分にできず、認知症の人を支えられない。真に必要なのは認知症の人が疾患の症状とはいえ、現実として見えているもの、景色、風景を知り、それを認めること、そして認知症の人に共感し、理解することである。そし

て、可能な限り本人の生活歴を知ることも大切である。

　幼年期や成年期といった育った家族の中での人となり、そして、成人となって築いた家族の中での人となりを知ること、その他にも家族状況・経済状況・教育・仕事・趣味・趣向・近隣との関係等を総合的に確認し、その上で本人の性格等を推し量って初めて見えてくるものがある。認知症ケアは、医療知識だけによらず、認知症の人、その人自身を知ることが何より重要であることを理解し、対応し、介入しなければならない。

　さらに、自分らしく生を終えるまで、どう生きるかを問うエンドオブライフ・ケアの観点が認知症ケアにも必須となる。中核症状が重度となり、自分の意思さえ伝えられなくなったとしても、エンドオブライフ・ケアが達成されないわけではない。看護師としては、重度の認知症の人であっても過去のアセスメントを行い、こんなとき、本人であればどう思い、考え、どう判断するかをアドボケーション（代弁）することが望まれる。その内容が少しでも本人の意思に沿うものにするため、看護師だけでなく、認知症の人に関わるチーム全体でアセスメントしアドボケーションを行うべきである。

（5）介護者の思い

　介護者を無視して認知症の人のケアはできない。認知症ケアを行うためには認知症介護をしている家族の気持ちも理解するべきである。

*11　地域ケア政策ネットワーク編『認知症を学び地域で支えよう』（認知症サポーター養成講座標準教材）。

　認知症サポーター養成講座標準教材*11では家族の気持ちのステップをまとめている。この教材では、親や兄弟、配偶者等が認知症になったとき、多くの家族は異常な行動や言動に「とまどい・否定」という第1ステップを踏むとしている。その後、認知症の理解の不十分さからどう対応していいのか分からず、「混乱・怒り・拒絶」といった第2ステップが訪れる。ここで医療や介護といったサービスを受けず家族だけで抱え込むと、虐待行為につながりかねない。その後、「割り切り」という第3ステップを通過し、認知症に対する理解が深まり本人を受け入れ介護方法も定まった、「受容」するという第4ステップを迎えるとしている。

　専門職は認知症の人だけではなく、その家族・世帯にも関わるという考えが求められている。家族の思いも理解し、尊重し、介入しなければならない。専門職による認知症ケアは、その業務量の煩雑さから慎重にかつ、人間的に行わなければならない業務を機械的にこなしてしまう場合もある。しかし、ケアの対象となる本人や家族は物ではないことを忘れてはならない。

　ここで認知症介護経験者である敷島妙子さんの手記（1989（平成元）年）を掲載する[3]。

第2章　地域包括ケアに必要な「看護」を目指す

> 　11年前に出しました、私の介護体験記に「人間であるために」と題をつけました
> のも、介護するものも、されるお年寄りも、人間であるために苦しみもし、荒れも
> するのだと思ったからでした。
> 　でももう一つの意味は、みみずでも虫けらでもない、人間であるためには、死を
> 迎えられる日まで、人間として生きて貰いたいし、私たち介護者も、人間であらね
> ばならないという祈りもこめたつもりでした。

　認知症の人とその家族を支える専門職は、こういった家族の思いを忘れて
はならない。認知症は、専門職として関わる者の悪い意味での本質をさらけ
出しもする。認知症の人を人間ではなく物として扱う専門職は、いくら手技
が優れていても介入してはならないと心得るべきである。

２　エンドオブライフ・ケアを支える

（１）エンドオブライフ・ケアと地域包括ケアシステム

　地域におけるエンドオブライフ・ケアの実現には、理念がつながる地域包
括ケアシステムの確立が必要となる。地域包括ケアシステムは、厚生労働省
の主導の下、各自治体や地域包括支援センター、任意団体等で急速に進めら
れているが、その時代により形と答えが変わるもの、また地域によっても異
なるものであり、実態をつかむのが難しい面もある。

　そのため、エンドオブライフ・ケアを考えるときは、地域包括ケアシステ
ムをネットワークとして機能させると共に、より本人及び家族の内面的な部
分に目を向けた個別の支援が重要である。つまり、自分の最期をどう生きる
かを事前に決められる土壌とその決意が本人及び家族に求められるというこ
とになる。

　地域包括ケアシステムは前提として「本人の選択と本人・家族の心構え」
を求めている。では、本人がエンドオブライフ・ケアを考えるときに、選択
できるサービス等が地域に全て整っているのだろうか。そして、本人・家族
の心構えができるだけの教育が事前になされているのだろうか。充分には
整っていない、なされていないのが現実である。

　まず「選択」から考えると、医療、介護、福祉サービスはその形態も数も
増えてきている。介護保険制度施行当初から考えれば、また、地域包括ケア
システム確立を謳い始めたときから考えれば充足してきているのは確かだ。
しかし、本人の思いは千差万別であり、その思いの全てをカバーするサービ
スはあり得ない。

「心構え」をするための教育はどうだろう。人生の最期は在宅ではなく病院で過ごすのが当たり前の時代になっている。併せて医療の進歩は早く、延命の為の医療機器も多く開発された。最期は病院で医療機器につながれて、というイメージができてしまっている。医療従事者でない者にとって、見たことも触ったこともない医療機器は使い方が分からないだけでなく、何より医療機器を操作しているときに何かあったら怖いという思いが強い。退院時に病棟の看護師等から医療機器の使用方法を指導されても、無理だ、家で看られないと思うのは当然かも知れない。

（２）エンドオブライフ・ケアの実現

　死を意識し、どこで死を迎えたいか、どのように死を迎えたいかを考えたとき、本人の思いになるべく沿うような努力をする医療機関、介護支援専門員、介護保険サービス事業者が増えている。在宅で最期を迎えたいとする本人、その本人の思いを叶えてあげたいという家族の気持ちを最大限尊重する専門職や事業者が増えている。

　例えば、もともと家で最期を迎えたいと考えていた人がいた。入院し、終末期の状態となり、今日亡くなるかもしれないという段階に、病院の医師、在宅のかかりつけ医、介護支援専門員、訪問看護、ヘルパー、家族とで話し合い、退院した。その人は、その日の夜にみんなに見守られて自宅で亡くなった。本人の最期の思いを達成するために短時間で作られたチームであり、さらにこのチームが機能したのは実質５時間程度であった。しかし、その５時間がどれだけ重要であったかは、エンドオブライフ・ケアのあり方を考える者であれば理解できるはずだ。このチームは、本人の思いだけでなく、介護者に悔いが残らないようにするためにはどうすればよいかも考え続けたのである。チームはエンドオブライフ・ケアを支えた。

　例えば、知的障害でがんを患った身寄りのない独り暮らしの人がいた。本人は母と一緒に暮らしたその家で最期まで過ごすことを強く望んだ。独り暮らしの知的障害の終末期の方を在宅で支える。この問題を正面から支えたチームがあった。かかりつけ医、介護支援専門員、訪問看護、ヘルパー、デイサービス、ショートステイといった専門職達は常に情報を共有し、本人に安心感を与え続けた。そして、本人を支えたのは専門職だけではない。本人が元気であった頃に、毎日のように通っていた喫茶店があったことを知った地域包括支援センターの職員は、その喫茶店へ行き事情を説明した。本人は、今は寝たきりになっているが喫茶店の食事を食べたいと思っていることを伝えた。その後、嚥下ができなくなるときまで、喫茶店のマスターは本人が好

第2章　地域包括ケアに必要な「看護」を目指す

きだったサンドウィッチを届け続けた。亡くなったその日は、チーム全員が集まった。チームはエンドオブライフ・ケアを支えた。

　例えば、音楽が好きな筋委縮性側索硬化症の人がいた。寝たきりとなり、瞼しか動かない状態であったが、大好きなクラシックのコンサートに行きたいと看護師に伝えた。その思いを達成させるために医師、人工呼吸器の業者、タクシー業者、コンサート会場、コンサートスタッフと話し合い、コンサートに行くことができた。本人は最期の最期までそのときの感動をチームに伝え続けた。チームはエンドオブライフ・ケアを支えた。

　エンドオブライフ・ケアを達成させる実践力は確実に進歩している。

（3）エンドオブライフ・ケアを支える看護

　エンドオブライフ・ケアを支えるチームは様々な専門職と非専門職とで構成されている。一つ確実にいえることは、そのチームには必ず看護師が存在するということだ。そしてその看護師が地域包括ケアの理解とエンドオブライフ・ケアの実践を積極的に行っているチームこそ、本人の最期の思いを達成できている実績がある。時代がどう変わったとしても、地域包括ケアには看護師の存在が絶対的に必要である。看護師はそのことを常に意識し、だからといって驕ることなく、チームの中で機能しなければならない。看護師は、地域包括ケアに必要なネットワークづくりに参画し、「地域に貢献できる看護」を目指さなくてはならない。

引用文献
1）中山和弘（聖路加国際大学）ウェブサイト「ソーシャル・サポートと健康」2003年
　　http://www.nursessoul.info/socialsupport
2）相田潤・近藤克則「ソーシャル・キャピタルと健康格差」『医療と社会』第24巻第1号　公益財団法人医療科学研究所　2014年　62頁
3）敷島妙子『こころのケア』2017年　10頁

参考文献
・野中猛『図解ケアチーム』中央法規出版　2007年
・認知症サポーター養成講座標準教材『認知症を学び地域で支えよう』地域ケア政策ネットワーク

第3章 ケアマネジメントと在宅看護の過程

1 ケアマネジメントの目的と過程

1 ケアマネジメントとは何か、目指すもの

(1) マネジメントの意味、目指すもの

　経営分野での**マネジメント**では、「ひと、もの、かね、情報の管理」という意味で理解されている。医療分野で多く使われているマネジメントには、「リスクマネジメント」があり、医療の安全を保証することを目指す活動を意味している。また、介護保険では、介護サービスを調整する「ケアマネジメント」が行われている。マネジメントとは、様々な目的に応じて、資産、資源・リスクなどを管理し、少しでも良い方向に持っていくように働きかけていく活動である。多くの医療や福祉関係者は、かなりの部分をマネジメントに当てている。また誰もが、日常的に自分の生き方を「セルフマネジメント」している。そして、限られた資源（人、時間、費用）の中で最大限の成果を生み出すことに役立てている。

　マネジメントの父といわれるドラッカー（P. F. Drucker）[*1]は、マネジメントは、組織に十分な成果を上げさせるための機関と位置づけている。ドラッカーは、マネジメントの役割として、①自らの組織に特有の使命を果たす（目的を果たす、成果を上げる）、②仕事を通じて働く人を生かす、③社会に及ぼす影響を処理し、社会の問題の解決に貢献する（社会に貢献）役割があるとしている[1)]。

　ドラッカーのマネジメント論は、「人の本当の幸せとは何か」を問い、より良い社会を創っていくための「組織づくり」、人と人が成果を上げるための「人づくり」、そして、人や社会がつながる「社会づくり」を目指し、マネジメントが人間に幸せをもたらすものだとしている。逆をいえば、人間を幸せにする社会を創る方法論が「マネジメント」であるともいえる。

[*1] ドラッカー（Peter Ferdinand Drucker）
ビジネス界に最も影響力を持つ思想家として知られている。組織のマネジメントを取り上げ、「人を幸福にする方法としてのマネジメント」を提唱した。「組織をして高度の成果をあげさせることが、自由と尊厳を守る唯一の方策である。その組織に成果をあげるものがマネジメントであり、マネジャーの力である。成果をあげる責任あるマネジメントこそ全体主義に代わるものであり、われわれを全体主義から守る唯一の手立てである」(P.F. ドラッカー（野田一夫・村上恒夫監訳）『マネジメント―課題・責任・実践―』ダイヤモンド社　1974年）。

39

（2）ケアマネジメントの定義と目的

　介護保険によって「ケアマネジメント」という用語は、すっかり定着してきた。ケアマネジメントの意味は、利用者（クライエント）の複数のニーズへの社会資源を調整する方法であり、利用者の医療のみならず、質の高い生活を維持継続できるように支えていくことを目指している。

　「ケアマネジメント」の歴史を振り返ると、ケアマネジメントの用語以外にも「**ケースマネジメント**」や「**ケアコーディネーション**」といった用語も使われている。ケアマネジメントが必要とされた背景や用語の定義を見てみると、1970年代にアメリカにおいて、精神障害者のコミュニティ・ケアを推進する目的で「ケースマネジメント」が開発された。その後、イギリスにおいても、1990年にコミュニティ・ケア法が成立し、ケースを管理するのではなく、ケアを管理するということから「ケアマネジメント」という用語を使い始めた。

　そして日本においては、介護保険導入に向けて「ケアマネジメント」が移入され、介護保険制度に「介護支援サービス」として日本独自の「ケアマネジメント」を位置づけた。さらに、地域保健法では、「ケアコーディネーション」として、介護保険によるケアマネジメントとは異なる定義を明確にした（表3－1）。

　以上に示したように、ケアマネジメントが必要になった背景は、在宅で療養者が生活する上で、保健や医療、福祉等の組織が分断されており、関わる人が多様で複雑で分かりにくいため、それを調整する方法と調整者が必要となったことがある。関係機関による資源が調整されないと、ムダ、ムリやムラが生じる。各機関や人がつながり、同一目標を設定して、限りある資源を共有し効率的、効果的に有効活用することで、成果を上げることが可能となる（図3－1）。

　ケアマネジメントの利用者は、地域生活において、複雑で重複した問題を持つ人であり、複数のサービスを統合的かつ継続的に利用する人々である。利用者の「**自立と生活の質（QOL）の向上**」を目指し、地域の多職種がチームとして、個々のニーズに応じて必要とされるサービスを継続的かつ統合的（包括的）に支援するケアマネジメントが重要となる。

　「看護職が行う在宅ケアマネジメント」[2]の定義においては、「利用者のニーズに応じて各々に適した資源を調整し、必要とされる多職種間・他機関と連携しながら全体を統合させ、問題解決を目指すこと。さらに、個別のニーズに応じて、不足する社会資源をアセスメントし、**地域ケアシステムを形成・発展させること**」としている。

第3章　ケアマネジメントと在宅看護の過程

表3－1　ケアマネジメントの行われた背景と定義

用語	定義	背景
ケースマネジメント（アメリカ）	対人サービスの機会や給付の調整を促進するための利用者の立場に立つ方法である。ある人（又は、チーム）が複数のニーズを持った人々の社会生活機能や福祉を最大限享受できることを目的として、フォーマル及びインフォーマルなサービスや支援のネットワークを組織化し、調整し、維持すること。	ケースマネジメントは、1970年代のアメリカの精神障害者の脱施設化目的で政府がコミュニティ・ケアを推進するために行ったアプローチであり、アメリカで考えられた手法である。主にソーシャルワーカーに委託し、ネットワーキングやプログラム開発を開発して、サービスの調整をする[2]。
ケアマネジメント（イギリス）	ケアマネジメントはニーズを分類し、サービス提供の可能性について判断し、「ケアプラン」における「ケアパッケージ」を考え出し、その後もサービス利用者の状況を定期的に再評価する一連の過程である。	1980年代にイギリス政府は「コミュニティ・ケア改革」を進め、「ケアのパッケージ」を提起、住み慣れた地域、家で自立した生活を送るための、利用する側に立ったサービスのあり方を探る方法とする。ケースの管理ではなく、ケアの管理という意味でケアマネジメントという用語を用いた[3]。
ケアマネジメント：介護保険制度では「介護支援サービス」※障害者総合支援法によるケアマネジメント（日本）	介護支援サービス（介護保険制度におけるケアマネジメント）保健・医療・福祉サービスといった従来の行政の枠組みに捉われることなく各サービスを一つのパッケージとして提供するケアプランを作成して実行していくシステムであり、ケアマネジャーが、利用者の心身の状況や置かれている環境に応じた介護サービスを利用するためのケアプランを作成し、適切なサービスが提供されるよう、事業者や関係機関との連絡・調整を行う。障害者総合支援法においては、個人の尊厳と社会、経済、文化活動の参加の機会を保障することを理念にケアマネジメントを行う。	新たな「高齢者介護・自立支援システム研究会」の報告（1994年12月）によって、介護の基本理念として「高齢者の自立支援」が掲げられ、高齢者の「生活の質」の維持・向上を目指す観点から、サービス担当者が利用者の立場でそのニーズを把握し、関係者が一緒になってサービスの基本方針である「介護サービス計画（ケアプラン）」を策定し実行する仕組みを提言し、介護保険法に位置づけられた。障害者総合支援法においても、障害者のおかれている状況等を踏まえ、適切かつ総合的に課題調整するための技法としてケアマネジメントが位置づけられた（介護保険法、障害者総合支援法）
ケアコーディネーション（日本、地域保健）	保健、医療及び福祉連携の下で、最適なサービスを総合的に提供するための調整を行う。地域保健対策を推進するためには、行政機関のみならず、地域のボランティアまたは住民グループとの連携の必要性が増大していることに鑑み、保健所においても、地域住民との連携及び協力に努める。	大震災等の地域住民の生命、健康の安全に影響を及ぼすおそれのある事態が頻発したことにより、地域の保健衛生部門による健康危機管理のあり方が問題となった。ノーマライゼーションの推進、地域住民に対する精神的ケアの重要性が増大したこと、介護保険制度の円滑な実施のために、介護保険、介護予防、健康づくり等に係るサービスを住民が必要なときに適切に提供できる体制を整備することが必要となり、コーディネーションの概念を明確にした（地域保健法「基本指針」）。

※：居宅介護支援（ケアマネジメント）：必要とされるサービスが、保健・医療・福祉サービスといった従来の行政の枠組みにとらわれることなく各サービスを一つのパッケージとして提供するケアプランを作成して実行していくシステム。
ケアプラン（居宅介護サービス計画）：新たな介護保険制度において、要介護者等が、介護サービスを適切に利用できるよう当該要介護者等の依頼を受けて、その心身の状況、生活環境、当概要介護者及びその家族の希望等を勘案し、利用する介護サービスの種類、内容及びその担当者等を定めた計画である。

しかし、地域としての新たな課題として、わが国は超高齢多死社会となり、認知症や終末期の人へのエンドオブライフ・ケアが必要とされている。むしろ、これらの人たちへの「問題解決」は困難であり、「目標指向」へとベクトルを転換し、多職種が目的を共有し、その実現のためお互いの力を引き出しあうことが重要である。

　櫃本真聿は、「MCCEサイクルを回す」として（図3-2）、①生活者・患者・地域を主役におく⇒②「生活者・患者・地域の真のニーズ」となるミッションを実現するために多職種が協働する⇒③Mission：ミッションを共有して自己実現を目指し、各々の力を終結しサービスを提供⇒④ネットワーク支援⇒⑤生活者・患者・地域の力が引き出せるとし、Consensus（合意）、

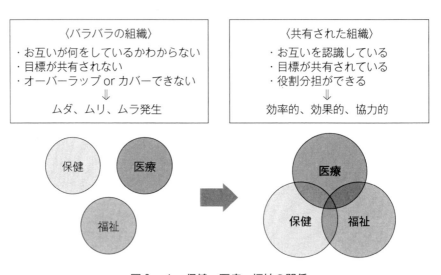

図3-1　保健・医療・福祉の関係

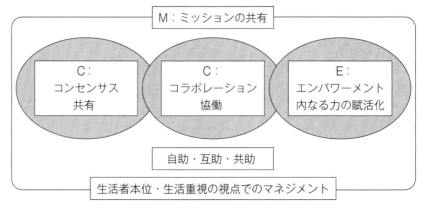

図3-2　MCCEサイクルを回す
出典：櫃本真聿『地域包括ケア時代の地域に根ざした医療の作り方』日総研　2017年　101頁

Collaboration（協働）、Empowerment（賦活化）を有効活用するマネジメント力が求められるとしている[3]。

厚生労働省では、**高齢者の尊厳の保持と自立生活の支援を目的**とし、地域包括ケアシステムの構築を図っている。高齢者が、可能な限り住み慣れた地域で、自分らしい暮らしを人生の最期まで続けることができるように、「地域完結型」のシステムの整備を行い、包括的なマネジメントを推進している（第2章参照）。介護保険開始時は、個別のケアマネジメントに力点が置かれていたが、現在は、地域包括ケア体制の中でのケアマネジメント（包括的なケアマネジメント）として、在宅ケアから地域へのケアへと広がりを見せている。

包括的なケアマネジメントの中で看護師が果たす役割として、全国訪問看護教協会会長の伊藤雅治は、①多機能化（訪問看護ステーションから在宅ケア支援ステーションへ）、②市町村との連携強化、③医療計画、④在宅医療への推進を行い、看護の質の向上を図る必要性を示唆している[4]。

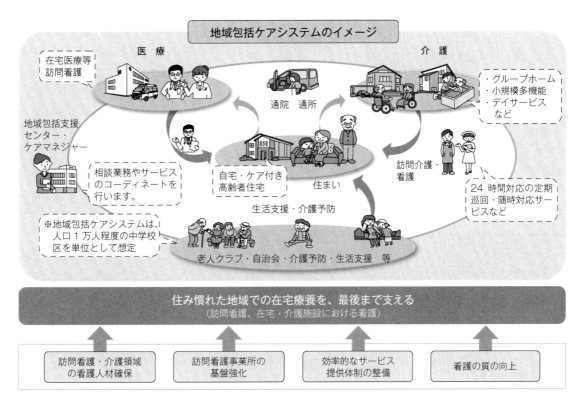

図3-3　地域包括ケアシステムにおける看護の役割
出典：伊藤雅治「日本の訪問看護―現状と2025年に向けた課題―」
http://www.mcw-forum.or.jp/image_report/DL-jissen/20141115/02-ito.pdf（2018.4.2閲覧）

(3) ケアマネジメントの担い手

ケアマネジメントの担い手は、全ての対人援助の専門職が共通の手法として、参画していくのが望ましい。どのような場面で初回の相談が行われるか、どのように時間的な経緯があるか、関わる人によっても状況は変化していくため、誰もがケアマネジメントの知識が必要であり、時期や状況によっては、関わる専門職も変化していく。

アメリカではマネジャーの多くは、ソーシャルワーカーであり、看護師もその役割の一部を果たしている。また、イギリスでは専門職チームでケアマネジメントを行っており、老年科医、看護師、理学療法士、作業療法士もその中に含まれて、重要な役割を果たしている。

日本の介護保険制度下においては、介護支援専門員（**ケアマネジャー**）として、ケアマネジメントを実施する有資格者が担っている（介護保険法第7条第5項）。要支援・要介護認定者及びその家族からの相談を受け、介護サービスの給付計画（**ケアプラン**）を作成し、他の介護サービス事業者との連絡、調整等を行い、介護保険サービスの利用で発生する介護給付費の管理（**給付管理**）を行う。ケアマネジャーの業務は単なる介護保険業務の枠に収まらない。利用者をチームで支えていくためには、個人のケアマネジメントを核とし、地域レベル、社会レベルへ（政策）へと発展させるような方向性が求められる（図3－4）。

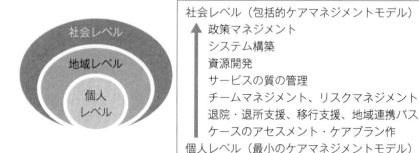

図3－4　ケアマネジメントの方向

2　ケアマネジメントの構成要素と機能、過程

（1）構成要素

ケアマネジメントの構成要素は、①対象者（クライエント）と、②その人が必要とする社会資源であり、それをつなぐ、③ケアマネジャー（所属機関）

である。そして、それを動かしていく過程がある。
①対象者は、疾病や障がいがあり、複数の医療ニーズや生活ニーズがある人をいう。
②社会資源は、ニーズを充足するために用いられる有形無形の資源である。制度、機関、人材、資金、技術、知識等の総称であり、広範囲なものである。
③ケアマネジャーは、療養者のニーズと社会資源を調整する人である。本人や家族が自らケアマネジメントする場合もあるが、介護保険利用者においては、ほとんどの人がケアマネジャーに委託する。ケアマネジメント機関は、介護保険では居宅介護事業所であるが、その他保健所、市町村保健センター、福祉事務所、訪問看護ステーション、地域包括支援センター、社会福祉協議会、福祉施設、医療施設、老人保健施設などがあり、様々な専門職がケアマネジメントを行う。ケアマネジャーは、対象が望む生活の実現に必要な社会資源を、本人とその家族が選択・意思決定できるように支援し、対象者の自己実現を図るというスタンスで関わる。
④ケアマネジメントの過程は、対象者の発見⇒対象者のアセスメント⇒計画

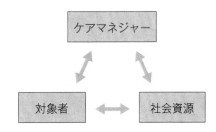

図3－5　ケアマネジメントの構成要素

表3－2　主な社会資源

1　制度や地域のサービス	
・フォーマルサービス	・介護保険制度 ・障害者総合支援法 ・難病法 ・区市町村や保健所など行政のサービス
・インフォーマルサービス	・家族、親族、近隣　友人 ・地域社会による自治組織、家族会等 ・ボランティアなどの活動
2　専門職チーム 　　緩和ケアチーム　　　　　　感染対策チーム（ICT） 　　栄養サポートチーム（NST）　褥瘡対策チーム　口腔ケアチーム	

の作成と実施⇒モニタリング・評価である。対象者のストレングス（強み）を活かす支援であり、したいこと、できること、好きなことなどを引き出していく。計画（ケアプラン）作成においては、対象者・家族も一緒に参加し、今後予想される状況を情報共有することも有効である。ケアプランには対象者の合意が必要となる（図3－6）。

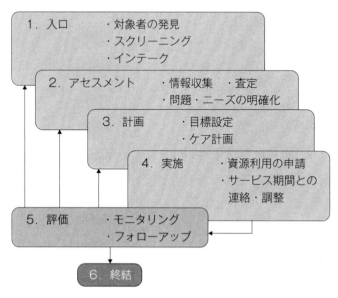

図3－6　ケアマネジメント過程

（2）ケアマネジメント機能

　病院の看護過程は、IT化するために看護診断が用いられ、看護が標準化された。その一方で、看護が標準化されたために患者の個別性を見失うといった問題も指摘されている。看護診断は、看護師のみが理解できても有用な道具にはならない。医師をはじめ薬剤師、理学療法士、介護士などと協働することを可能にするツールが必要である。地域包括ケアシステムの中で、医療・介護、予防、住まい、生活支援のサービスを一体化して提供するためには、医療のみならず、介護・生活支援の充実、生活の質を高める健康維持と生きがい支援等を含め、本人自身が健康問題について確認でき、家族も一緒に取り込んでいくことができる方法が必要である。

　ICF（WHOの国際生活機能分類）は、いわゆる保健医療・福祉の共同作業モデル（**医学的、社会的モデルの統合**）でチームケアに有用である。このモデルは、課題の解決に向けて、能力評価から多面的評価ができるように、できないことや不足を補う<u>直線的思考（直接的因果関係）</u>から、背景因子を

もとに、阻害因子や促進因子を考える複線的思考（相互循環的な関係）ができる枠組みとなっている。

ICF は、地域で生きること、暮らすこと、地域のあり方を考える人と環境の相互作用モデルであり、多職種で活用できる。医療と生活（暮らし）を支えるケアマネジメントは、表3-3に示した視点で行う。これらの視点をもとに、ケアマネジメントを機能させていくことがケアマネジャーの役割である。

第5章で紹介するように、重度障がい者自らが、「クライエント・ケアマネジャー」として、自己の生活全般の主体者として、ケアを含めた地域での生活へのケアマネジメントを行う場合もある。将来的には、本人がケアマネジメントをし、自らが生きたい生活を思い描いていくことが望ましい。

現在は、高齢者の介護保険によるケアマネジメントと障がい者のケアマネジメントには、制度の相違によって区別されている。しかし、ケアマネジメ

表3-3　ケアマネジメントを行う上での視点

①アセスメントの視点	・顕在（自発的）ニーズと潜在ニーズの明確化、・ニーズとデマンズの区別 ・マイナス面とプラス面（ストレングスに着目）本人の能力や嗜好と意欲の把握 ・尊厳の保持とその人らしさ、個別性　生活歴から価値観を尊重
②プラン作成の視点	・目標は、本人が望む暮らし 　目標には階層があり段階的に設定される（図3-7参照）。 ・基本的ニーズの充足は必須 　これが満たされなければ生活の継続が困難である（ケアミニマムの支援）。 ・ニーズに基づくサービスの選択・提示 ・セルフケア、インフォーマルケア、フォーマルケアの組み合わせ ・導入するサービスを結びつける機能（計画とケアコーディネション作成） ・定型化された計画用紙の使用（介護保険による様式等） ・利用する社会資源の頻度時間を明記、自己負担を算定する（負担額への配慮） ・利用する社会資源の明確化（ビジュアル化—ケアマップ） ・ケアカンファレンス（サービス担当者会議） 　目標の共有、役割分担、本人や家族の参加。
③プランの実行の視点	・計画的な実施 　実施状況の結果や評価、役割分担、連絡方法、調整の方法。 ・緊急時の対応、
④モニタリング、評価の視点	・介護サービスが適切か否かを定期的に評価しフィードバック 　一連のプログラムやマネジメントで改善すべきところの確認。 ・サービス計画が対象者のニーズを満たしているかの確認 　さらにマネジメントによって現在の状況への改善が期待できるかの確認。 ・成果（アウトカム） 　目標に達成したか（達成率）、構造＝人員、資源等、過程＝実績、プラン実行、成果（アウトカム）＝在宅継続率、再入院率、満足度 QOL 等。

ントの広がりは、地域の人を巻き込み、地域を動かし、「**人を幸せにする社会をつくる**」方法論として、今後は、地域の中で統合されて定着していくであろう。

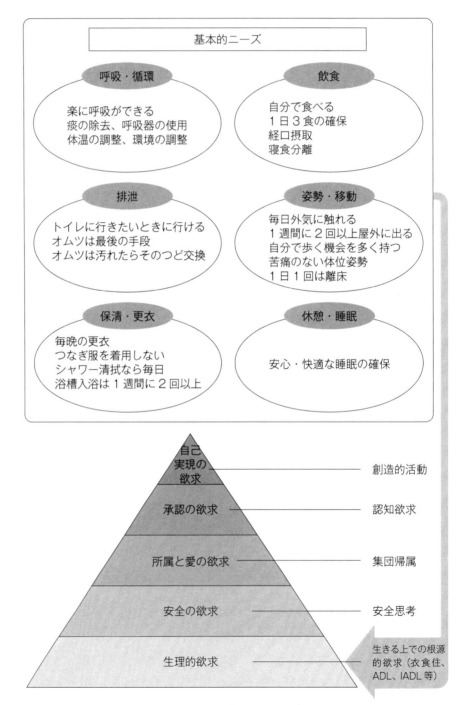

図3－7　マズローのニーズ論

第3章　ケアマネジメントと在宅看護の過程

2　24時間の生活マネジメント

生活をトータルに見る視点

　私たちの生活は、あまりにも日常的で個性的、複雑で多面的であり、日々の生活状態や価値観を捉えることが難しく、把握が困難である。ニーリエ（B. Nirje）は、ノーマルな生活とは、「一日のノーマルなリズムを提供すること」、「ノーマルな日課を提供すること」「一年のノーマルなリズムを提供すること」「家族と共に過ごす休日や家族単位のお祝いや行事等を含む」「ライフサイクルを通じてノーマルな発達的経験をする機会を持つこと」であるとした[5]。ニーリエは、日々の生活の重要性を時間＝リズムという概念で捉えており、日常生活があたりまえの暮らしであると同時に、常に社会に開かれていること、そして、自己発達、自己再生産を目指す発達の視点の重要性を示唆した。日常生活は、様々な活動を展開する場で、24時間、365日という時間の中で連続し、人（社会）との関係の中で、繰り返し営まれる単位であると理解できる。

　私たちの日常は、程度の差こそあれ、毎日・毎週・年間の生活の中で、同じようなことを一定のリズムを持ち、繰り返すという生活スタイル、サイクルを作っている。ある意味そうした「繰り返し」から日常性が構成されている。また、私たちは習慣づけられた日常生活をほとんど意識していない。日常的なものは、状況が変わったとき、生活の場を変更したときに、初めて意識される。

　病気や障がいによって心身機能が低下し、生存や日々の生活活動（ADL）に支障をきたすと、ADLを介助、介護、見守りによって支えられることになり、他者に依存する生活となる。他者に依存してADLを遂行する生活は「援助者との関係」によって成り立ち、少なからず生活を共にする人との関係から影響を受けることになる。日々繰り返される活動内容には、生存や日々の生活を維持する活動内容と、意思、意図、方向という目標に向かう活動と自己を充実させる活動があり、様々な活動内容が調和のある形で日常の中に存在し、常に個性的で多様である。個性的で多様である私的な時間・空間を生きることに重要な意味を持ち、生活はトータルに見ていく必要がある。

　生活の基本的な枠の一つに「生活の場」がある。「生活の場」は生活の継続を示すものである。介護は生活の場を移す（施設）か、移さない（在宅）かのいずれかによって提供される。生活の場を移して行う介護サービスには

49

入所や通所系、短期入所系サービスがあり、生活全般にわたる対応がなされ、一定時間、期間の生活を代替する。

　また、在宅（自宅）で行われるデリバリーのサービスには、訪問介護、看護、診療、リハビリテーションなどがある。それらのサービスは、生活上の問題解決を目指し、生活活動の一部を補完するものである。これらの介護サービスは「時間」に置き換えて「サービス費用」として換算されている。

　生活への間接的な関わりである支援と、生活活動の一回の介助と生活の全体を捉えて行う支援の方法がある。生活を支援するサービス内容には、機能化、標準化できるものと内容と、分割化、標準化できない内容がある。

　一日の生活をトータルに捉える必要性は、サービスをいつ、どのくらい、どのようなサービスを1日の時間配分の中で提供するかを考える指標となる。

　村嶋幸代は在宅ケアで発生するニーズは、以下の4点に関わるものを挙げている[6]。

　①家事援助を必要とするもの

　②身辺ケアを必要

　③観察と医療処置を必要

　④本人のQOLの向上

　そしてセルフケアレベルとして、以下の5段階を挙げている。

　①全てを依存

　②部分的介助

　③教育的な関わり

　④時々見たり口頭で確認（見守り）

　⑤自立（援助を必要なし）

　ニーズとセルフケアレベルに応じてケアをどれだけ提供すれば良いか、時間、人、資源へのマネジメントを行う必要がある。

（1）「時間」マネジメント

　生活の場において時間の使い方＝**生活時間（time）と生活の連続性（span）**を把握することにより、その人の生活をトータルに見ることができる。トータルな生活の全体像は、時間経過の中に配置された活動、活動場所、時間を共有する人たちによって示される。

・タイムマネジメントを行う（図3-8）。

・1日、1週間、1カ月をスケジューリングし、生活をつくる様々な活動を含む計画とする。

第3章 ケアマネジメントと在宅看護の過程

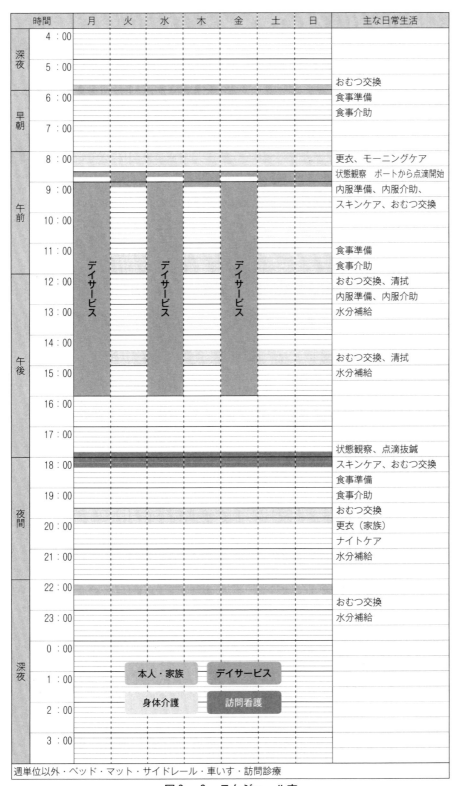

図3－8　スケジュール表

（2）「人」マネジメント

　在宅生活では、切れ目のない活動、埋もれてしまいがちな生活の目標や目的の実現を目指し、メリハリやリズムのある生活を支える。家族やその他の関係者と共同的な人間関係をつくる過程を支えていくことが重要である。その人の生活習慣に応じた適切なタイミングに合わせたケアの実践を可能にする適正な人員配置が必要である。家事や身辺ケアの介助は、本人、家族や介護職が行うことができるが、病状不安定な人や医療的処置が必要な人に関しては、医師、看護でないと対応が困難なこと（業務範囲）がある。生活行為は連続しており、看護と介護の境界線が明確に引けるわけではない。本人、家族のセルフケアを中心にしつつお互いの職種がオーバーラップしながら協働できるように役割分担していく（表3－4）。特に医行為（業務独占）が、家族への負担につながることを考慮し、新たに介護職においても生活の中で連続する行為として、喀痰吸引等の実施が法的にも認められ、家族の負担軽減につながっている。しかし、医行為に関しては法的な規定があり、良質な

表3－4　役割分担表

		家事援助	身辺ケア	病状の観察と医療的処置
日勤帯 9-17時		食事の準備	生活状態のアセスメント	病状の観察、判断
		片づけ	清潔介助（洗面　歯磨き介助、部分／全身清拭）	栄養評価、栄養指導
		掃除、ゴミ捨て	洗髪、入浴介助、陰部洗浄、手浴、足浴、義歯の手入れ	経管経腸栄養法の管理、IVHの管理
		洗濯	更衣、整容（整髪、爪切り、髭剃り等）	膀胱留置カテーテル管理、腹膜透析の管理
		買い物	食事介助（水分補給含む）	栄養評価、栄養指導
		家事代行	排せつ介助（トイレ介助、おむつ交換など）	呼吸器管理、呼吸のケア（吸引、吸入、体位ドレナージ、タッピング）
		布団干し	ベッドからの起き上がり、歩行、車いす介助など	服薬指導、服薬介助、自己注射の介助
		シーツ交換	移動の介助	排泄コントロール、スキンケア（褥瘡処置を含む）
		電気ガス	体位変換、機能訓練介助	呼吸器管理、呼吸のケア（ドレナージ、タッピング、吸引）
		水の管理	補装器具の使い方指導	ストマ管理（消化管／尿路）
			通院介助	薬品、衛生材料チェック、医療器材の点検
				吸引器・吸入器・酸素濃縮器等、医療機器のチェック
				各種検査の実施
準夜帯 17-22時		食事の準備	生活状態のアセスメント	病状の観察、判断
		片づけ	清潔介助（洗面　歯磨き介助、部分／全身清拭）	経管経腸栄養法の管理、IVHの管理
		電気ガス	食事介助（水分補給含む）	呼吸のケア（吸引、吸入、ドレナージ、タッピング等）
		水の管理	排せつ介助（トイレ介助、おむつ交換など）	服薬指導、服薬介助、腹膜透析の実施
			更衣、整容、歩行、車いすなど移乗の介助	スキンケア（褥瘡処置を含む）
			ベッドへの誘導、体位変換など	ストマ管理（消化管／尿路）
				対症看護、緊急対応
深夜 22-5時			排泄介助（深夜／早朝の対応に加えて必要がある場合のみ）	病状の観察・判断 呼吸のケア（吸引等）
			体位変換（褥創の発生リスクが高い場合のみ）	対症看護（発熱、疼痛等）
			飲水介助（発熱時など脱水のリスクが高い場合）	緊急対応（病状急変等）
早朝5時 から9時		ゴミ捨て	排せつ介助（トイレ介助、おむつ交換など）	病状観察・判断　呼吸のケア（喀痰吸引）
		食事の準備	排せつ介助	対症看護（発熱、疼痛）等
		片づけ	体位変換	緊急対応
			飲水介助	呼吸器管理、呼吸のケア（ドレナージ、タッピング、吸引）

QOLの活動　ボランティア、友人等　（随時）
出典：村嶋幸代「時間別の24時間対応型在宅ケアニーズ」新田國男編『家で死ぬための医療とケア』医歯薬出版　2007年

図3−9 医行為の関係
※：正式名称「保健師助産師看護師法」。

医療を提供する体制の確立が必要であり、看護師が医療の質を担保する役割を担う（図3−9）[*2]。

在宅生活の継続が困難になる原因として、家族がいる家庭では、家族介護者の負担が挙げられる。介護負担には、病状の不安定さに伴う終末期ケアや喀痰吸引、失禁へのケア等により、常時の見守りや終日介護、夜間介護の必要による介護者の生活時間への侵入がある。これらの介護負担を軽減するためには、代替サービス（デーサービスやレスパイトとしてのショートステイや入院、介護者長時間派遣）を導入する。また夜間の介護が必要であれば、夜間対応型介護、看護を導入し、家族の負担を軽減するための家族の介護を補完、代替するための人へのマネジメントを行う。

また、独り暮らしの場合、歩行機能の低下が加速的に生活機能を低下させ、在宅生活を困難にする。要介護状態が重度の高齢者でも十分に生活能力を発揮しうるし、また逆に障害が軽度の高齢者であっても持っている能力を発揮できないこともある。要介護者は、介護者の介入方法に強く影響を受ける。見守りや、声掛け等、近隣の人や仲間、ボランティア等にも働きかけて、人と人との関係を頻繁に継続して行うことによって、利用者の生活活動（ADL）の拡大を可能にする人との関係をマネジメントする。

(3)「資源」マネジメント（資源開発―エコマップの活用）

その人の持つ資源は、人や物、経済等様々なものがあるが、本人も支援者もその価値に気づいていないことが多い。資源はただあるのではなく、有効に活用し、それを最大限に生かすことで、価値あるものとして資源が増大する。有益な資源の運用方法をマネジメントする。資源が見て分かるようにする方法として「エコマップ」がある。

①エコマップ（ecomap）とは

援助を必要とする人を中心として、その周辺にある社会資源（家族、兄弟姉妹等親族、友人、近隣住民、医師、各種介護関連機関など）との相関関係

*2 医行為と介護による特定行為
「医師でなければ医業をなしてはならない」（医療法第17条：業務独占）。一方、保助看法37条は、医師の指示があれば、看護師が診療機械の使用、医薬品の授与その他の医療行為を行うことを許容している。この点で、医師の業務と看護師の業務とは重なり合う。2015（平成27）年には、厚生労働省令において、特定行為として介護士に対して、喀痰吸引（口腔内・鼻腔内・気管カニューレ内部）及び経管栄養（胃ろう・腸ろう・経鼻経管栄養）を定めるとし、社会福祉士及び介護福祉士法が改正された（介護保険法等改正法第5条）。「介護福祉士は、喀痰吸引その他の身体上又は精神上の障害があることにより日常生活を営むのに支障がある者が日常生活を営むのに必要な行為であって、医師の指示の下に行われるもの（厚生労働省令で定めるものに限る。）を行うことを業とするものとする」（第2条第2項）。

を、ネットワークとして表現したマップのことで、生態地図（人間関係相関図）とも呼ばれる。1978年に、スミス・カレッジ（マサチューセッツ州）のハートマン（A・Hartman）教授が、発表した方法である。

②エコマップの目的

　複雑な家族の人間関係やサービス提供者との関係をアセスメント（評価）し、そこに課題や可能性、解消したい不和などを見出し、家族とその外部にいる人々や組織との関わりを「ビジュアル化」する。その人の生活環境がおおよそイメージできる。

③エコマップの書き方

　療養者との関係性を、①強い関係、②普通の関係、③弱い関係、④緊張関係に分けて示す（図3－10、3－11参照）。

　エコマップで注意することは、作成することが目的ではなく、作成した後、何ができるかを考えることである。現状の困難な状況や今後への可能性も人間関係に影響を受けているので、人間関係の改善を図ることで、生活がどのように変化したのかを捉える環境のマネジメントを行う。

　地域の資源には、自治体のサービス（警察、消防等）や地域住民に福祉への関心や理解を広げ、隣近所で困っていることがあればお互いに助け合えるような関係づくりをしていくための住民組織（社会福祉協議会）がある。

　また、同じ症状や悩みを持ち、同じような立場にある仲間（ピア）が、体験を語り合い、回復を目指す取り組みをしたりする（ピアサポート、セルフヘルプグループ）などがある。その地域ならでは企業、NPO、ボランティア等のリソース（資源）がある。

　一人の相談者が地域を変えていくパワーになる。まずは身近にある資源を活用できるようにし、地域の多様な人、機関とつながり、連携協働し、排除のない地域つくりを創造する。日常的に地域の資源とつながっている関係を発展させていくことが、資源のマネジメントである。

第3章　ケアマネジメントと在宅看護の過程

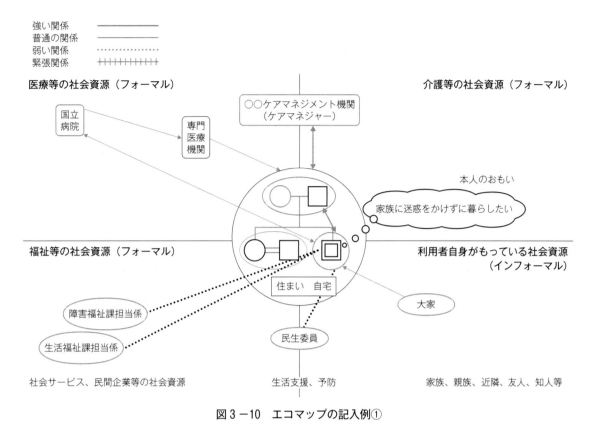

図3-10　エコマップの記入例①

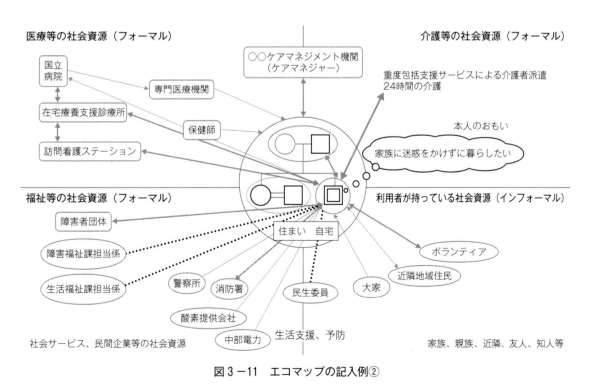

図3-11　エコマップの記入例②

3 エンドオブライフ・ケアとケアマネジメント

1 地域でのエンドオブライフ・ケアの現状

　超高齢多死社会の中で、地域包括ケアシステムが必要とされる大きな理由として、認知症の人が増えるということ以外に、死亡者数が増えることが挙げられる。人生の最終章を迎えた人が、誰と、どこで、どのように過ごすかを決定することは、重要な課題である。今後、急速に増えるエンドオブライフ・ケアに対して、望む場で、痛みや苦しみ、不安がなく、安心して、最期の生を生ききるための支援が必要である。2013年、ヨーロッパ緩和ケア学会（European Association for Palliative Care：EAPC）[7] は、プラハ憲章において「緩和ケアを受けられることは人々の人権である」と宣言した。この宣言において、政府は全ての人が緩和ケアにアクセスできるようにする義務があるとしている。

　一方、日本における専門的な緩和ケアは、病院を中心として発展してきており、緩和ケア病棟入院の条件は、悪性腫瘍や後天性免疫不全症候群等となっている。老いや虚弱といった高齢者は、入院の対象に含めていない。しかし、死期が近づいている高齢者においても、終末期の意思決定のあり方を改善し、苦痛のある死に対する緩和ケアが必要である。生活の場においても「生」を全うする緩和ケアを医療職や介護職が日常的に行えるように心がけることが大切である。療養者や家族の「つらさ」を理解し、自分らしい生き方・死に方へつなぐ「緩和ケア」が、どこにいても切れ目なく保障されるべきである。

2 エンドオブライフ・ケアの支援過程

　エンドオブライフ・ケアの対象は、日々の生活の延長線上にある、人生の終末を迎える人たちである。NIH（アメリカ国立衛生研究所：National Institutes of Health）によれば、終末期を定義することはできないとしている。末期には急性型（救急医療等）、亜急性型としてがんの末期のように、予後が数日から長くとも2～3ヶ月と予測が出来る場合や、慢性型として植物状態、認知症、脳血管疾患の後遺症や老衰など、数ヶ月から数年にかけて死を迎えるなど、各々特徴的な病態、病勢があり、一律に終末期としてとりまとめることは難しいからである。そのため、厚生労働省の示すガイドラインでは、「どのような状態が終末期かは、患者の状態を踏まえて、医療・ケ

第3章　ケアマネジメントと在宅看護の過程

アチームの適切かつ妥当な判断によるべき事柄である」[8]としている。

　終末期には、3つのパターン[9]があるとされている。①死期の予測がつくがん、②増悪を繰り返す慢性疾患等で徐々に悪化する臓器不全、③長期に亘り機能低下し、残された期間の予測が困難な認知症、老衰である。

　上記に示すように、終末期の過程においては、その人の生と死をどのように受け止めるかという個々の価値観や育ってきた地域の文化があり、看取る立場にある家族の思いも交錯する。人生の終末を迎える際、その人の終末期を過ごす場所及び行われる医療等について、本人や家族が自由に選択できる環境が必要である。そして、終末期にある利用者に対し、利用者本人の意思と権利を最大限に尊重し、本人の尊厳を保つと共に、最期まで生きることを支える、終末期にふさわしい最善の医療、看護、介護、リハビリテーション等が提供されなければならない。

3　エンドオブライフ・ケアのマネジメント

　樋口らは、ケアマネジメントの質を高める4つ条件として、①本人や家族の明確な意思表示がある、②ケアを支える介護力や周りの人々のサポートがある、③終末期を支える医療的ケアが受けられる、④本人や家族の願いを実現するためのケアマネジメントであるとしている[10]。

　近い将来の死が予見される利用者に対し、トータルペイン（身体的・精神的、社会的、霊的苦痛）をできるだけ緩和し、死までの期間、その人なりに充実して納得して生き抜くことができるように、日々の暮らしを営むことを支援する。「どう生きたいか」を支えるための時期別のケアマネジメントが必要である（表3-5）。

　包括的なケアマネジメントでは、医療と生活をつなぐことが重要な柱であり、それは、何かあったときにすぐに対応してくれる、①後方支援病院（緩和ケア病棟含む）、②24時間対応できる在宅の支援チーム、③24時間対応の可能な介護施設等が、地域連携できていることである。独り暮らしや家族の介護負担が大きい場合には、介護を代替してくれる施設が必要不可欠である（図3-12）。

①後方支援病院はスムーズな入院の受け入れをし、入院中から、病棟の医師・看護師、そして退院後の在宅療養を担う医師・看護師や介護サービス事業所等の関係者とで退院支援を行い、地域連携によるシームレスな支援を行う。療養者の急性増悪に対しては、急性期から回復期、慢性期を経て在宅医療に至るまで**地域連携クリティカルパス**（医療機関間で共有される診療

表3－5　時期別のケアマネジメントの視点

時期	プラン作成の留意点
療養開始前後	・療養生活の全体像を把握し「どう生きたいのか」を支える 　治せないことの先にも思いや願いのある暮らしへの実現を目指す 　（専門職の価値観を押し付けない） ・家族の介護力や地域の支援力をアセスメントし、支援体制を構築する ・支援者全員が目標の共通認識を持つ ・療養生活の安定化へ導く
安定期	・安定した療養生活を見守る ・予期せぬ体調の変化があれば緊急対応をする 　必要によって24時間体制の医療と介護を提供する ・療養の場（病院、施設、在宅等）の変更に際しても、切れ目のない緩和ケアを実施する ・今後の見通しを共有し、看取りの場を考える 　家族の介護力や地域力の不足により不安が強い場合には、病院や緩和ケア病棟への選択も考える。
臨死期の移行期から死に至るまで	・日々の生活延線上に看取りがあり、日々のケアが重要となる 　衰弱が進み、様々な症状が出現し、不安が強くなる ・本人や家族とそして関わる多職種とで、看取りケアの方針を理解し、多職種協働で計画的な支援を行う 　意思に反した救急搬送等をしない ・死亡確認と死後のケア
死亡期から死別期	・死別への悲しみへの準備は、看取り支援の段階から意識して行う ・悲しみを表出し、前向きな人生を捉えなおすことができるよう支援する

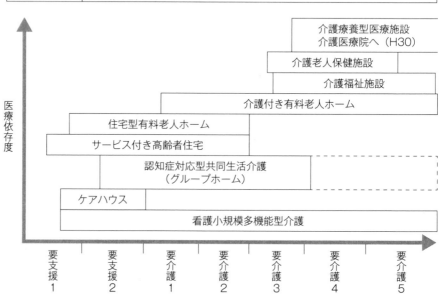

図3－12　24時間対応の入所系施設

第3章　ケアマネジメントと在宅看護の過程

表3-6　在宅医療として認められている在宅医療行為

医療行為	内容
訪問診療、往診 在宅療養支援診療所	訪問診療は、通院が難しい人の自宅に日頃から医師が定期的に伺い、「計画的に健康管理」を行うもの。往診は、利用者の依頼に基づき診療をするもの。**24時間365日体制で往診や訪問看護を行う**「**在宅療養支援診療所**」がある
訪問看護	医師の指示に基づき、看護師等が利用者の居宅を訪問し、健康チェック、療養上の世話または必要な診療の補助を行うもの。「**介護保険**」と一定の条件のもと「**医療保険**」により訪問する。がん末期は医療保険で対応する
訪問歯科診療	通院が難しい人の自宅に歯科医師が訪問し歯科診療を行う
訪問歯科衛生指導	歯科衛生士が訪問し歯科衛生指導を行い嚥下などの訓練や助言も行う
訪問リハビリテーション	医師の指示に基づき理学療法士や作業療法士等が利用者の居宅を訪問し、利用者の心身機能の維持回復及び日常生活の自立を助けるために理学療法、作業療法その他必要なリハビリテーションを行う
訪問薬剤指導	薬剤師が在宅を訪問し、処方されている薬剤に対して、状態に応じた調剤（一包化、**麻薬**、無菌調剤）、残薬の管理、**麻薬の服薬管理**と廃棄等を行う
訪問栄養指導	栄養士が在宅を訪問し、療養上必要な栄養・食事について助言指導する

計画）よって治療やケアへの（**継続的**）支援を行う。

②**在宅療養支援診療所**[*3]はスムーズな退院のための支援を行い、他の医療機関や訪問看護、薬局との連携を図り24時間体制の医療を提供する（表3-6）。また、医療機能の薄い福祉施設や有料老人ホームやグループホームへの在宅療養を支援できるようにする。

③在宅医療支援チームは、専門職が互いに相互補完し合える関係をつくると共に、多数のメンバーが関わることによって安心する人もいるが、それを負担に感じる人もいるので、精鋭チームで支援（チームマネジメント、チームビルディング）にあたることも必要である。

④地域住民の協力や参加を呼び掛けると共に、地域住民（家族、隣人、ボランティア）の相互扶助による助け合いの組織をつくる。

⑤地域の課題の発見と解決、システムの構築、必要な資源開発等、サービスのアクセスやサービスの質の保障に向けて政策へのマネジメントを行う。

地域で看取りまでを**包括的**に支援していくためには、状況の変化に柔軟に対応していく**多職種のチーム**による協働が重要である。多職種によるチームケアを円滑に行うためには、お互いの役割を認識し、理念や目標の共有を図

＊3　在宅療養支援診療所
在宅療養をされる方のために、その地域で主たる責任を持って診療にあたる診療所のこと　必要に応じて他の病院、診療所、薬局、訪問看護ステーション等との連携を図りつつ、24時間往診及び訪問看護を提供する体制を構築して、届出要件を満たした上で地方厚生局または厚生局都道府県事務所に届出が必要である（2006（平成18）年に診療報酬上に設けられた）。

り、信頼関係を築いていく努力が求められる。また、自らの業務範囲と権限を認識し、他職種の特徴を知り、パートナーシップの関係を構築し、各職種の専門性を活かすことが大切である。

4 ケアマネジメントと訪問看護

看護職は病状の変化や疾病経過を捉え、今後の健康状態を予測して、健康と生活の両面から支援できる職種である。最適な健康状態をつくることや病状の不安定さにおける医療的管理や最期の時まで苦痛を和らげ癒すこともできる職種であり、エンドオブライフ・ケアを担う最も中核的な存在であり、医療と生活を統合していく役割を担う。

（1）訪問看護でニーズが高いと判断される利用者像

医療ニーズの高い利用者として、医療器具を装着している状態、創傷ケアの必要な状態、感染症、慢性疾患でセルフコントロールに課題がある状態にある人、及び終末期の状態等にある人は、訪問看護のニーズが高い。

医療ニーズが高い利用者や在宅での看取りを望んでいる人に対しては、医療的な見地に立った支援が必要であり、訪問看護の果たす役割は大きい。日本介護支援専門員協会の調査[11] によると、ケアマネジャーは、「主治医との連携が困難」「利用者の医療ニーズがうまく把握できない」ことが挙げられていた。医療ニーズの高い療養者への支援では、訪問看護が、介護支援専門員と積極的に連携をし、訪問看護の役割や機能を理解してもらい効果を発揮していくことが大切である。

（2）ケアマネジャーと訪問看護の関係構築

ケアマネジャーは、介護福祉士資格を持つ人が最も多い。しかしその全ての人が、医療に関して熟知しているわけではない。それゆえ、医療ニーズの高い療養者をどのように支援することが良いのか、不安を持ちながら担当しているケアマネジャーも多い。看護師はケアマネジャーが、その療養者の健康状態を理解できるように説明し、対応していく必要がある。例えば、療養者の ADL は拡大できるものなのか、低下するものか、低下する場合に、褥瘡発生のリスクはあるのか、カテーテル類が入っているならば、その目的や部位、交換が必要かどうか、必要ならばどのタイミングで誰がどこで交換するのかなど、支援の根拠となる知識や技法を分かりやすく伝えていく。もし、感染症があるとするならば、その原因菌へ対応する消毒剤、効果的な手洗い

第3章　ケアマネジメントと在宅看護の過程

表3-7　エンドオブライフ・ケアにおけるケアマネジャーとの連携の留意点

時期	ケアマネジャーと訪問看護の連携の留意点
療養開始前後	疾患、既往歴、治療歴、今後の治療方針や予後、それに対するインホームドコンセントの内容（予後告知の有無等）、薬手帳等で服薬の確認、主治医やかかりつけ医の確認、緊急時の対応（緊急時の連絡先）の確認など、医療ニーズに対応できるように在宅医療を担う主治医やかかりつけ医等との**パイプ役**になって働きかける。
安定期、維持期	本人、家族の意向を定期的に確認する。安定期であっても長期に亘ると気持ちに変化が生じることがある。意向が変化したときには、その理由が大切である。本人の痛みや苦痛、不安、介護者の抱える困難や負担等について、本人と家族の両者の立場から検討をする。その際に、医療的な視点からの見方や考え方の情報を提供し、両者の**調整役**となって働きかける。
臨死期の移行期から死に至るまで	本人や家族の安心、安楽を考えて、安らかな死、そして残される家族への悔いが残らないように、家族へのケアを含めて対応する。関わる人は、先の見通しがつかない不安が大きい為、今後起こりうることや必要な対応を予測して、予防的対応が迅速に図れるように**リーダーシップ**を発揮する。
死亡期から死別期	死が間近に迫った時期から埋葬が終わるまでの一連の共同作業を看護師とケアマネジャーが共に行い、本人や家族が満足できるように最後まで**一貫したケアへの責務**を負う。看護師は残された家族への健康状態にも気を使う。関係した人たちのやり残したことへの悔いや無力感を修復し、できたことを労うグリーフワークを行う。そして今までの関係を終結する。

方法、正しいマスクや手袋の装着方法、器具や衣服の処理の方法も指導していく必要がある。

　また、慢性疾患の急変時の対応として、糖尿病の「低血糖」や肝臓疾患に起こりやすい「せん妄症状」など、看護師には分かっている症状であったとしても、多くのケアマネジャーは、合併症や予後の予測がつかないため、症状が起きてから慌てることになる。認知症のタイプによっても出現する症状に違いがあり、その違いを理解することで予測できる危険やトラブルを未然に防ぐことが可能になる。

　看護師は、チームメンバーが集まる担当者会議の際に、利用者・家族、ケアマネジャーにも、病気やその治療及び予後に関することを理解してもらえるような分かりやすい説明をする。特にエンドオブライフ・ケアでは、本人や家族も不安が強く、対応する人の言動に気持ちが左右されるため、ケアマネジャーと訪問看護は密接に連携していく必要がある。

コラム

訪問看護の体験からの学び

　訪問看護の仕事をしていると療養者とその家族の歴史に寄り添うことが時々あります。

　「がん患者のターミナル」「認知症」「脳血管疾患の後遺症」、様々な病気の中でも難病の療養者の方の訪問看護に出会うと、改めて考えていかなければならない課題が多く出てきます。療養者も家族も初めて聞く病名、予測のつかない進行具合、予測のつかない症状、そして予測のつかない療養期間に苦しむことになります。そのために家族の仕事の継続が難しくなります。今後のことを考えるためには、身近に相談相手がほしいところです。

　私が出会ったある療養者は「オリーブ橋小脳委縮症」の方で、年齢は60代前半でした。療養者の娘さんは病名告知当時に未婚であり、仕事をしながら母親の面倒をみていました。訪問看護、ヘルパー、デイサービスなどを利用することで、娘さんは仕事を続けることができ、1年後には結婚も決まりました。そして、お婿さんが同居してくださることになり、療養者の生活環境も変えることなく介護生活を継続することができました。療養者は結婚式に車椅子で出席でき、夫婦の新婚旅行中はショートステイを利用してもらうことで、無事に過ごすことができました。

　その後、孫ができ、産前産後育休の期間は娘さんも介護と育児を両立させました。育休明けには会社側も復帰を望み、仕事を継続しました。その後、療養者の病状は確実に進行し、食事も「とろみ」のあるものや「細かく刻んだ」ものしか摂取できず、四肢も麻痺して自力で動くことも困難、排尿もバルンカテーテルとなりました。時にはカテーテルが詰まって尿が出ないと、訪問看護ステーションに連絡があり、昼夜問わずカテーテル交換に行きました。そして徐々に誤嚥も多くなり、胃ろうの造設のために入退院を繰り返しました。また、蜂窩織炎や肺炎を合併するなど、様々なトラブルを乗り越えたのち、自宅で最期を迎えられました。娘さんはこの間、仕事に育児、そして介護をこなしてきました。最後のあいさつにみえた時には「私の仕事のことまで考えてくださりありがとうございました」と言っていただきました。

　このご家族とは7年近く関わることで、その家族の歴史に寄り添ってきたように思いました。

　突然、難病を患った人、そして家族が、いきなり医療や介護を求められれば、生活は一変します。家族は介護と仕事を両立させながら、普段の生活も維持していかなければならなく、時には、結婚・妊娠・出産・育児も重なりますが、それが家族にとっては重要なイベントでもあります。

第3章　ケアマネジメントと在宅看護の過程

> ケアマネジャーは、介護者の生活を犠牲にして介護を強いるマネジメントではなく、介護者である家族メンバーの人生も支援する視点でマネジメントする必要があります。家族のメンバーが介護と仕事を両立でき、家族のしたいことを継続できるようにサービスを提案し、ケアプランを作成します。療養者も家族の幸せを望み、それを生き甲斐に感じるのであり、療養者やその介護者を含めた家族の成長、発達を視野に入れて、その人の人生に寄り添うことによって深い信頼関係が築かれます。介護は先の見通しがつかない厳しい仕事ですが、家族の誰かが犠牲にならないように配慮していくことで、長期にわたって継続可能な支援が提供できると思います。

引用文献

1）P. F. ドラッカー（上田惇生訳）『マネジメント［エッセンシャル版］基本と原則』ダイヤモンド社　2001年　19頁

2）高崎絹子・島内節・内田恵美子・佐藤美穂子編『看護職が行う在宅ケアマネジメント』日本看護協会出版会　1996年　7頁

3）櫃本真聿『地域包括ケア時代の地域に根ざした医療の創り方』日総研出版　2017年　101頁

4）伊藤雅治「日本の訪問看護―現状と2025年に向けた課題―」
http://www.mcw-forum.or.jp/image_report/DL-jissen/20141115/02-ito.pdf
（2018.4.2 閲覧）

5）B. ニィリエ（河東田博・橋本由紀子他訳編）『ノーマライゼーションの原理―普遍化と社会変革を求めて―』現代書館　1998年24-30頁

6）村嶋幸代・堀井とよみ編『ケアマネジャー必携　24時間ケアプラン』ヘルス出版　2000年　19頁

7）EAPC「人権としての緩和ケア（プラハ憲章）」
http://www.eapcnet.eu/LinkClick.aspx?fileticket=cFXp 5 NjXaC 8 ％ 3 D&tab id=1958（2018.4.2 閲覧）

8）厚生労働省「終末期医療の決定プロセスに関するガイドライン」2007年
http://www.mhlw.go.jp/shingi/2007/05/dl/s0521-11a.pdf（2018.4.2 閲覧）
厚生労働省「終末期医療の決定プロセスに関するガイドライン解説編」2007年
http://www.mhlw.go.jp/shingi/2007/05/dl/s0521-11b.pdf（2018.4.2 閲覧）

9）Bomba, P, A., Enabling the transition to hospice through effective palliative. Case Manager, 16（1）（2005）pp.48-52

10）樋口京子・篠田道子・杉本浩章・近藤克則『高齢者の終末期ケア　ケアの質を高める4条件とケアマネジメントツール』中央法規出版　2010年　42頁

11）日本介護支援専門委員協会「医療ニーズが高い要介護者への訪問看護導入等に向けた課題に関する調査研究事業」（平成23年度　老人保健健康増進事業）
https://www.jcma.or.jp/120416_H23roukenjigyou 3 _iryouni-zuyouyakuban.pdf.（2018.4.2 閲覧）

参考文献

・白澤正和編『ケアマネジャー養成テキストブック』中央法規出版　1996年
・D. P. マクスリー（野中猛・加瀬裕子監訳）『ケースマネジメント入門』中央法規出版　1994年　192頁
・B. メレディス（杉岡直人・平岡公一・吉原雅昭訳）『コミュニティケアハンドブック―利用者主体の英国福祉サービスの展開―』ミネルバ―書房　1997年
・橋本泰子・竹内孝仁・白澤正和『海外と日本のケアマネジメント』中央法規出版　2000年
・Hartman, A. "Diagrammatic assessment of family relationships", Social Casework, 59（8）（1978）　pp.465-476
・長江弘子編『生活と医療を統合する継続看護マネジメント』医歯薬出版　2014年
・新田國男編『家で死ぬための医療とケア―在宅看取り学の実践―』医歯薬出版　2007年
・佐々木淳監　医療法人社団悠翔会編『"最期まで住み慣れた地域での生活"を支援する在宅医療　多職種連携ハンドブック』法研　2016年
・エンド・オブ・ライフケア看護学編『エンド・オブ・ライフケアを支える語り合い学び合いのコミュニティづくり』正文社　2016年
・斉木和夫・松田栄子編『在宅療養支援診療所連携ガイドブック―24時間ケア・ターミナルケアを実現するために―』医歯薬出版　2007年

第4章

地域でエンドオブライフ・ケアを
支える看護の視点

1 「生きる」と「暮らす」を支える在宅医療と在宅看護

1 在宅医療

（1）在宅医療の定義と在宅医療の実施機関

　在宅医療とは、生活の場で提供される医療である。在宅医療機関には、積極的役割を担う在宅療養支援診療所や在宅療養支援病院があり、さらにその機能を強化した在宅療養支援診療所、病院がある。また、後方病床としての役割を担う在宅療養後方支援病院がある。その他、在宅療養支援歯科診療所や薬局、訪問看護ステーションも在宅医療を提供している。

①在宅療養支援診療所

　在宅療養支援診療所とは、地域において在宅医療を支える24時間の窓口として、他の病院、診療所等と連携を図りつつ、24時間往診、訪問看護等を提供する診療所（病床数0～19床）である。主な施設基準は、診療所、24時間連絡を受ける体制を確保している、24時間往診が可能、24時間訪問看護が可能、緊急時に入院できる病床を確保している、連携する保険医療機関、訪問看護ステーションに適切に患者（療養者）の情報を提供している、年に1回、看取りの数を地方厚生局長に報告していることである。なお、往診、訪問看護、緊急時の病床確保については、連携する保険医療機関や訪問看護ステーションにおける対応でも問題ない。

②在宅療養支援病院

　在宅療養支援病院とは、診療所のない地域において在宅療養支援診療所と同様に、在宅医療の主たる担い手となっている病院である。主な施設基準は、200床未満、または4km以内に診療所がない病院、24時間連絡を受ける体制を確保している、24時間往診が可能、24時間訪問看護が可能、緊急時に入院できる病床を確保している、連携する保険医療機関、訪問看護ステーショ

ンに適切に患者（療養者）の情報を提供している、年に１回、看取りの数を地方厚生局長に報告していることである。なお、訪問看護については、連携する保険医療機関や訪問看護ステーションにおける対応でも問題ない。

③機能強化型在宅療養支援診療所・病院

機能強化型在宅療養支援診療所・病院とは、複数の医師が在籍し、緊急往診と看取りの実績を有する医療機関であり（地域で複数の医療機関が連携して対応することも可能)、往診料や在宅における医学管理等を行う。主な施設基準は、在宅医療を担当する常勤の医師を３名以上配置、過去１年間の緊急の往診の実績を10件以上有している、過去１年間の在宅における看取りの実績を４件以上有していることである。過去１年間の緊急往診と看取りの実績は、複数の医療機関が連携して要件を満たしても差し支えないが、それぞれの医療機関が、過去１年間の緊急往診の実績４件以上、過去１年間の看取りの実績２件以上を満たしていなければならない。

④在宅療養後方支援病院

在宅療養後方支援病院とは、緊急時に在宅医療を行う療養者の後方受入を担当する医療機関である。主な施設基準は、許可病床200床以上の病院、当該病院を緊急時に入院を希望する病院としてあらかじめ当該病院に届け出ている患者（以下、入院希望患者という）について緊急時にいつでも対応し、必要があれば入院を受け入れる、入院希望患者に対して在宅医療を提供している医療機関と連携し、３か月に１回以上、診療情報の交換をしていることである。

⑤在宅療養支援歯科診療所

在宅療養支援歯科診療所とは、在宅、または社会福祉施設等における療養を歯科医療面から支援する歯科診療所である。主な施設基準は、歯科訪問診療料を算定している、高齢者の心身の特性、口腔機能管理及び緊急時対応に係る研修を修了した常勤の歯科医師を１名以上配置、歯科衛生士を配置、必要に応じて、患者（療養者）、または家族、在宅医療を担う医師、介護・福祉関係者等に情報提供できる体制を整えている、在宅歯科医療に係る後方支援の機能を有する別の保険医療機関との連携体制が確保されていることである。

（２）エンドオブライフ・ケアのための在宅医療の体制

住み慣れた環境に可能な限り長く過ごせ、また自宅での看取りも選択肢になるよう、多死社会に向けた在宅医療の推進は喫緊の課題である。多様化する終末期のあり方には、在宅医療の推進だけでは対応できない。医療ニーズ

第4章　地域でエンドオブライフ・ケアを支える看護の視点

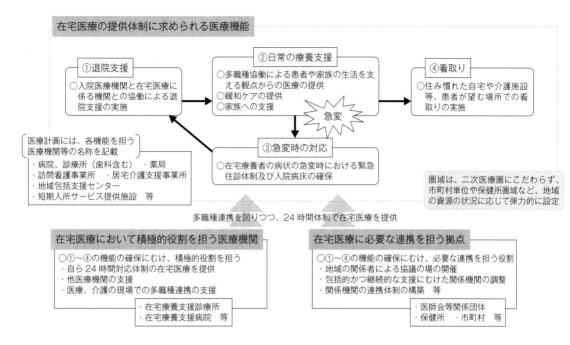

図4－1　「在宅医療の体制構築に係る指針」による在宅医療提供体制のイメージ
出典：厚生労働省「在宅医療（その2）」2017年
http://www.mhlw.go.jp/file/05-Shingikai-12404000-Hokenkyoku-Iryouka/0000161550.pdf（2018.4.2閲覧）

と介護ニーズを併せ持つ終末期にある療養者を支援するためには、居宅等において提供される在宅医療と地域包括ケアシステムの構築が不可欠である。図4－1に、「在宅医療の体制構築に係る指針」による在宅医療提供体制のイメージを示す。

①退院支援

　退院支援では、入院医療機関と在宅医療に係る機関の円滑な連携により、切れ目のない継続的な医療体制を確保する。すなわち、療養者が住み慣れた地域の中で生活できるよう、療養者の病状に合わせて医療や介護を包括的に提供できる体制を整えることである。特に終末期においては、安心して生活できるように入院医療機関から継続的な医療体制を整えていくことが重要である。退院支援では、病院における組織的な取り組み（退院調整支援担当者の配置）や多職種による退院前カンファレンス等を行う必要がある。

②日常の療養支援

　日常の療養支援では、療養者の疾患、重症度に応じた医療（緩和ケアを含む）が多職種協働により、できる限り療養者が住み慣れた地域で継続的、包括的に提供する。多職種との連携により、療養者の日常生活のニーズに対応した医療と介護を包括的に提供する体制を確保する。また、家族への支援も

重要である。

③急変時の対応

急変時の対応では、在宅療養者の病状の急変時に対応できるよう、在宅医療を担う病院・診療所、訪問看護事業所及び入院機能を有する病院・診療所との円滑な連携による診療体制を確保する。終末期では病状が急変することが予測できる。病状に応じて対応できるよう、24時間対応が可能な体制を確保する必要がある。また、在宅療養支援病院などで、在宅療養者の病状の急変時に、必要に応じた受け入れの体制を構築することが重要である。

④看取り

看取りでは、住み慣れた自宅や介護施設等、療養者が望む場所で看取りを行うことができる体制を確保する。療養者が、住み慣れた地域で、その人らしく最期まで生きられるように医療及び介護体制の構築が求められている。終末期では、病状の変化などにより、療養者や家族が不安に思う。したがって、療養者のみならず家族の不安を軽減するよう、終末期の段階に応じた支援を行うことが重要である。

2　在宅看護

（1）在宅看護の定義と在宅看護の実施機関

在宅看護とは、疾病や障害、加齢に伴う変化などを有するすべての人が、自宅やそれに準じた環境で生活できるようにすることを目的とした看護実践である[1]。在宅看護の実施機関には、指定訪問看護ステーション、病院または診療所である指定訪問看護事業所がある（表4－1）。その中には、在宅医療を推進するための機能の高い機能強化型訪問看護ステーションがある。

機能強化型訪問看護ステーションは、24時間対応、見取り、重症度の高い患者（療養者）や超重症児や準重症児の受け入れ、居宅介護支援事業所の設置等、精神疾患患者の地域移行と定着に向けた取り組み、地域住民等に対する情報提供や相談、人材育成のための研修（看護学生の実習や医療従事者の研修）を行い、在宅医療を推進している。

（2）エンドオブライフ・ケアのための訪問看護

訪問看護ステーションにおけるターミナルケア利用者数は、年々増加している。つまり、人生の最終段階を在宅で迎えることが1つの選択肢になってきている。表4－2のように、在宅での看取りの主疾患は、「がん」が最も多くを占めていた。そして、看取り対象者の半数以上が、訪問看護と訪問介

第4章　地域でエンドオブライフ・ケアを支える看護の視点

表4-1　訪問看護ステーションの設置基準

設置基準	指定訪問看護ステーション	病院または診療所である 指定訪問看護事業所
人員に関する 基準	・保健師、看護師または准看護師（看護職員）：常勤換算で2.5以上（内1名は常勤） ・理学療法士、作業療法士または言語聴覚士：指定訪問看護ステーションの実情に応じた適当数 ・管理者：専従かつ常勤の保健師、または看護師であって、適切な指定訪問看護を行うために必要な知識及び技能を有する物	・指定訪問看護の提供にあたる看護職を抵当数
設備に関する 基準	・事業の運営を行うために必要な広さを有する専用の事務室を有する ・指定訪問看護の提供に必要な設備及び備品等を備えている（特に、手指を洗浄するための設備等、感染症予防に必要な設備及び備品）	・事業の運営を行うために必要な広さを有する専ら事業の用に供する区画を有する ・指定訪問看護の提供に必要な設備及び備品等を備えている

表4-2　看取り対象者の基本属性（訪問看護と訪問介護）

基本属性	訪問看護 （n＝255）	訪問介護 （n＝102）
年齢	84.6±9.4歳	83.2±8.6歳
要介護度（「要介護度5」の割合）	50.6%	44.2%
主疾患（「がん」の割合）	53.7%	45.1%
（「循環器疾患」の割合）	10.2%	16.8%
利用期間（平均日数）	348.7±644.6日	532.3±828.3日
死亡場所（「在宅」の割合）	91.4%	70.8%
利用事業所（「病院・診療所からの往診・訪問診療」の割合）	85.1%	63.7%
（「訪問介護事業所」の割合）	51.0%	（他の）17.7%
（「訪問看護業所」の割合）	（他の）5.5%	57.5%
医療処置（「排便処置」の割合）	60.0%	30.1%
（「点滴」の割合）	56.1%	46.0%
（「苦痛症状の緩和」の割合）	52.2%	40.7%

出典：平成23年度老人保健事業推進費等補助金老人保健健康増進等事業：財団法人日本訪問看護振興財団「在宅看取りの推進をめざした訪問看護・訪問介護・介護支援専門員間の協働のありかたに関する調査研究事業報告書」2012年をもとに筆者作成

護を併用していた。終末期には、医療ケアのみならず、生活ニーズにも対応しなければならない。これまでと同じ生活を続けられることが、その人らしい人生の終焉につながる。ゆえに、訪問看護は訪問介護との連携が重要になる。

しかし、医療処置（緩和ケアや点滴など）が必要となる療養者対して、医療の知識のない介護職がケアすることは困難である。訪問看護師は、介護職においても終末期にある療養者の生活ニーズに対応できるよう指導や体制を調整する必要がある。さらに、終末期を在宅で過ごしたいと望む療養者に対して、望む生活ができるよう、質の高いケアと柔軟な体制を整え支援することが重要である。

2 エンドオブライフ・ケアへ向けての退院支援と退院調整

1 退院支援と退院調整

終末期にある療養者は、医療ニーズと生活ニーズを併せ持つ。したがって、その支援に向けた退院調整には、医療従事者のみならず、生活ニーズに対応する介護職などの多職種との連携が必要になる。特に終末期にある療養者は、病状が急速に変化していくことが予測されるため、早期に退院の準備を進めていくことが重要である。また、本人や家族のみならず、退院後の生活に関わる全ての職種が早期に良好な関係性を構築する必要がある。

岡部朋子は、病院の退院支援・退院調整機能の発展と課題について以下のように述べている。「患者が入院からエンド・オブ・ライフを支える在宅ケアへと移行する際には、複数の疾患や機能障害を有し、様々な医療処置を要するなど医療依存度が高い状態となっている場合が多いことが想定されることから、医療管理の継続を考慮した退院支援・退院調整が求められる。病棟スタッフと地域側の医療関係職種の連携がスムーズに行われるためには、看護職間の緊密な連携が鍵となると考えられる」[2]。つまり、終末期にある療養者が、最期までその人らしく生きるためには、病院の看護師と訪問看護師の退院支援と退院調整が重要になる。

宇都宮宏子は、看護師の退院調整と退院支援について区別し、次のように定義している。退院支援とは、「患者が自分の病気や障害を理解し、退院後も継続が必要な医療や看護を受けながらどこで療養するか、どのような生活を送るかを自己決定するための支援」である。そして退院調整とは、「患者

第4章 地域でエンドオブライフ・ケアを支える看護の視点

の自己決定を実現するために、患者・家族の意向を踏まえて環境・ヒト・モノを社会保障制度や社会資源につなぐなどのマネジメントの過程」である[3]。退院支援は病棟看護師が退院調整看護師などのサポートを受けながら主体的に行い、退院調整は院内の退院調整部門が主に行う。

図4-2は、宇都宮が示した入院から退院までの3段階のプロセスである。退院支援の第1段階（外来～48時間）は、スクリーニングとアセスメントである。第2段階（入院3日目～退院まで）は、受容支援と自立支援である。第3段階（必要となった時点～退院まで）は、サービス調整である。この3段階のプロセスに沿って看護師の役割を捉える。

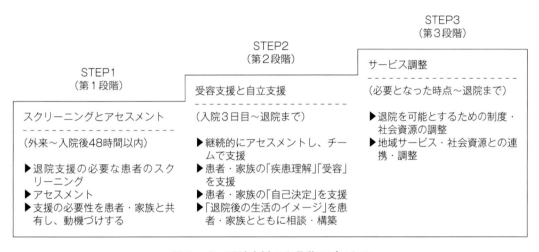

図4-2 退院支援の3段階のプロセス

出典：宇都宮宏子「病院から暮らしの場へ移行するマネジメントを看護師の手で～在宅医療におけるエビデンス構築に期待～」『Geriatric Medicine（老年医学）』第54巻第9号　ライフ・サイエンス　2016年　923頁

2　病院の看護師による退院支援と退院調整

病院の看護師が行う退院支援とは、療養者や家族が、疾病をどのように受け止め、最期の瞬間までどのように生きたいか、それぞれが思い描いている退院後の暮らしを実現できるように支援体制を整えていくことである。

まず、入院前の外来通院をしている時点で、終末期が訪れることを見据えておくことが重要である。療養者が入院したら、外来通院時に外来看護師が得た情報などをもとにして、病棟看護師が退院支援を進める。病棟看護師は、外来通院時から入院までの療養者の病状の変化を捉え、退院後にどのような生活になるか、さらに在宅生活の問題となりうることを見つける。入院した時点の療養者の病状は不安定であり、療養者自身は退院後の生活を思い描く

ことは難しい。また、病棟看護師は、病状の不安定な状況の中で、在宅での生活を推測することは容易ではない。そのため、外来看護師から得た情報をもとにして、病状の変化の予測と退院後の望む生活を憶測しながら、退院支援を進めていく。

次に、療養者や家族の病状の受け止め方に合わせた医療ケアを整えていくことが重要である。終末期では、病状が回復することはなく進行し、様々な症状が出現する。出現した症状に対して、誰がどこまでの病状の管理を行うのか、本人はどこまで行えるのか、本人ができなくなった場合は家族が管理を行うのか、訪問看護師や医師が行うのか、在宅生活を想定した上で医療ケアとその役割分担を具体的に考える。そして、家族に対する支援を行うことが重要である。元気な頃の療養者を知る家族は、「こんな状態で帰れるのか」「私たちに何ができるのか」と不安を強める。大切な家族だからこそ思い悩む。そのことを病棟看護師は理解し、家族に今後起こりうる療養者の病状の変化を説明し、その変化を受け入れられるように支援する。また、家族が全てを担う必要はないことも説明する。近年の在宅医療は、病院と同じように高度な医療ケアが可能になってきており、訪問看護も対応できる範囲が広がっている。病院の退院支援で、在宅生活を具体的に想定し、療養者や家族の不安を軽減することが、在宅への移行につながる。しかし、在宅生活をより具体的に想定することで療養者や家族の不安が増強する場合がある。病棟看護師は、療養者や家族の不安が増強しないように支援していくと共に、在宅ケアへ移行できるかどうかを見極める力が求められる。

最後に、療養者や家族の望む場所で、安心して医療や介護が受けられる体制を整えることが重要である。住み慣れた地域でも、自宅、施設、病院、それぞれの療養の場に応じた医療のあり方、看取りのあり方がある。本人や家族の意思が揺らぐことを想定しながら、幅広い職種との調整が必要になる。また、関わる専門職種の役割が異なるため、お互いの職種の専門性を理解しながら、包括的に支援できるようにチーム関係を調整する必要がある。地域のフォーマルな制度、インフォーマルな制度を熟知した上で、幅広い視点で社会資源が活用できるよう調整することが重要である。

3 訪問看護師による退院支援と退院調整

訪問看護師が行う退院支援では、療養者が退院後のどのように暮らしたいか、その思いをまず確認することが重要である。つまり、療養者が最期の瞬間までの生き方（医療処置を含めた）、その意思について確認することである。

第4章　地域でエンドオブライフ・ケアを支える看護の視点

そして、家族の思いも同様に確認することである。

しかし、必ずしも療養者が訪問看護師に自身の本意を伝えるとは限らない。自身の病状の変化に戸惑ったり、家族に迷惑をかけないように遠慮して、本意とは違ったことを訪問看護師に伝えることがある。また、療養者と家族の思いが異なる場合がある。療養者と家族がそれぞれ、どのような思いを持っているのか、療養者と家族の関係を見極めながら、それぞれの意思を丁寧に確認することが重要である。そして、療養者や家族の不安に思うことを聞き、少しでも退院後の生活の不安を軽減する必要がある（表4－3）。

療養者や家族にとって不安なことは、訪問看護師からすると些細なことかもしれない。しかし、療養者や家族は、終末期の在宅生活は想像つかないのである。訪問看護師は、退院前に療養者や家族が在宅での生活が想像できるよう、丁寧に話をしていく必要がある。そして、療養者と家族が望む生活ができるよう、在宅での体制を整えることが重要である。終末期では、医療ケアのみならず生活支援を行う必要がある。したがって、生活をどのように支えるのか、多職種がその専門性を活かしながら包括的な支援ができるように関係性に構築する必要がある。まず、療養者や家族、在宅で支援する医療従事者や介護職のお互いの思いのズレを少なくして、各々の役割の確認と在宅での目標を確認しておくことが重要である。

表4－3　療養者や家族が抱える退院後の医療ケアや生活に対する不安

医療ケアに対する不安	生活に対する不安
・病状の進行（痛み、悪心・嘔吐、食欲不振、腹部膨満感、嚥下困難、全身倦怠感、呼吸困難感、全身浮腫、黄疸、褥瘡、出血、意識障害など） ・急変に対する対応 ・病気に対する治療 ・予後予測の困難 ・医療処置の困難 ・服薬管理（服薬コントロール）の困難 ・医療機器の管理の困難	・食事が取れない ・睡眠が取れない ・清潔が保てない ・排泄行為が行えない ・移動・移乗が行えない ・療養環境が整わない ・経済的な困窮 ・家族（介護者）の介護力が不足、負担 ・家族（介護者）が健康を害する ・家族（介護者）の生活の乱れ

4　退院前カンファレンス

療養者は終末期にあるため、症状が急速に進行してことが考えられる。療養者にとって、1日でも長く満足した在宅生活が送れるよう、退院の時期を見極め、迅速に退院調整を進める必要がある。その調整に退院前カンファレ

ンスがある。退院前カンファレンスとは、療養者を支援する多職種が、療養者や家族の情報を共有した上で、在宅での目標を共通認識し、各職種の役割と今後の援助のあり方について検討・調整する場である。そして、療養者や家族の意思の確認と、職種間の関係性の構築する場である。療養者や家族が思い描いていた在宅生活と違っていても、進行していく病状の中で不安で意思が揺らいでも、療養者と家族がどのような状況に陥っても在宅生活が継続できるような支援体制を整えておくことが重要である。そのために療養者の状態を共通認識する必要がある。多職種が関わるために、情報を共有しやすいツールを使用することが重要である[*1]。

*1　巻末資料：ICF分類を用いた情報の視点を参照

3　継続看護

継続看護とは、病院や診療所等の医療機関で提供された看護が在宅及び施設等での療養にも継続されることを意図した看護の取り組みを意味する[4]。つまり、病院や施設の看護から在宅の看護をシームレスでかつ看護の質を保つことを目指している。しかし、在宅における継続看護とは、もう少し広義な視点で捉えることができる。療養者が最期までその人らしく安心した生活ができるように、看護師が多職種と連携しながら療養支援を継続することである。特に終末期においては、看護のみで、療養者を支えることは困難である。医師、歯科医師、薬剤師、理学療法士、作業療法士、言語聴覚士、栄養士等の医療職と、介護士、介護支援専門員、社会福祉士などの福祉職、近隣住民やボランティアなどの非専門職が連携することにより、より質の高い看護を継続的に提供できる。

4　緩和ケアチーム

蘆野吉和は在宅緩和ケアについて、「自宅、居宅あるいは居住施設において、医療・福祉・介護機関が連携しながら多職種によるチームケアとして緩和ケアが提供されるシステムである」としている。そして、それは、患者や家族が在宅で最期まで不安なく楽に生活できることであり、その延長上に在宅（自宅を含む）での看取りがあるが、在宅での看取りが最終目標ではなく、在宅緩和ケアは、患者が亡くなった後のグリーフケアを考慮して提供されなければならないと述べている[5]。

第4章　地域でエンドオブライフ・ケアを支える看護の視点

　近年、病院や介護老人福祉施設では、緩和ケアチームや多職種で対応する体制が整ってきている。その一方で、診療所では、ほとんど整備がされていない。現状[6]は、がん診療連携拠点病院等の専門的緩和ケア（緩和ケアチーム、緩和ケア外来等）の提供体制が地域緩和ケアにおいて整備されていない。また整備されていても十分活用されていない。そして、地域緩和ケアを担う施設（病院、診療所、保険薬局、訪問看護ステーション、緩和ケア病棟等）に関する情報が医療機関間で十分に集約・共有されておらず、また患者（療養者）・家族のみならず、医療従事者に対しても情報提供が十分になされていない。さらに、地域緩和ケアを担うスタッフ（地域の医師、歯科医師、薬剤師、訪問看護師等の医療従事者、社会福祉士、介護・福祉従事者等）の人員が不足しており、また、診療・ケアの質が十分に担保されていない。在宅医療が推進される中、質の高い緩和ケアが受けられるよう体制を構築することは喫緊の課題である。

　緩和ケアは、全人的な痛みに対する緩和として、①身体的痛みに対する緩和、②精神的な痛みに対する緩和、③社会的な痛みに対する緩和、④スピリチュアルな痛みに対する緩和を含む。①身体的痛みには、がん性疼痛、非がん性慢性疼痛があり、これに対して、麻薬や非ステロイド性消炎鎮痛薬などを使用して緩和を行う。また、倦怠感などに対しては、マッサージや温罨法、体位変換、リラクゼーションなどを行う。②精神的な痛みには、不安やうつ、死に対する恐怖があり、これに対し、不安な思いなどを傾聴する。また、穏やかに生活できるような環境を整え支援する。③社会的な痛みには、経済的問題、家族間の問題等がある。経済的な問題では、経済的負担の掛からないような方法でケアを行う。家族間の問題では、療養者や家族の思いを代弁するなど、より良い関係が保たれるよう支援する。④スピリチュアルな痛みには、人生の意味や死生観に関する悩みがあり、これに対し、療養者や家族の価値観や思いを受け止めていくよう支援する。緩和ケアは、看護師のみならず、療養者に関わる全ての職種が連携しながら行う必要がある。現在、在宅においても病院と同じよう、服薬や点滴、持続点滴などで身体的な痛みに対する緩和はできる。しかし、医療従事者が24時間体制でそばにいない在宅で緩和ケアを行うには、医療ケアや管理が家族に求められる。また、介護福祉職にも、療養者の病状の変化がみられた場合、訪問看護師や在宅医、病院に連絡することが求められる。看護師は、医療の知識のない家族や介護福祉職でも、安心して在宅での医療ケアへの支援ができるよう教育指導していくことが重要である。

　訪問看護師に対して、緩和ケアの地域連携や地域に根差した看護相談等の

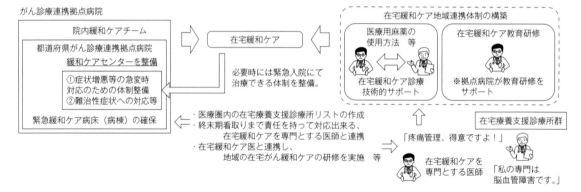

図4-3　在宅緩和ケア地域連携事業・緩和ケア推進事業（厚生労働省）

研修がある。訪問看護師は、病院開催の研修会や専門看護師や認定看護師による教育を受けながら、在宅で緩和ケアを提供できる体制を構築することも重要である。

厚生労働省は、在宅緩和ケア地域連携事業・緩和ケア推進事業として、都道府県がん診療連携拠点病院の「緩和ケアチーム」「緩和ケア外来」「緩和ケア病棟」等を統括した「緩和ケアセンター」を整備、緩和ケアチームや緩和ケア外来の運営、重度のがん性疼痛が発症した場合に緊急入院（緊急緩和ケア病床の確保）による徹底した緩和治療が実施できる体制整備の他、院内の相談支援センターや都道府県内の拠点病院、在宅医療機関等との連携により、切れ目のない緩和ケア診療体制を構築することを目指している（図4-3）。

5　エンドオブライフ・ケアにおける看護の役割

厚生労働省の調査[7]によると、一般国民の63％以上が終末期の療養場所に自宅を希望している。その一方で、66.2％の者が最期まで自宅での療養は困難に考えている。その理由として最も多かった項目は、「介護してくれる家族に負担がかかる」79.5％であり、次に、「症状が急変したときの対応に不安がある」54.1％、「経済的負担が大きい」33.1％、「往診してくれる医師がいない」31.7％、「症状急変時すぐに入院できるか不安である」31.6％であった。つまり、在宅で終末期を過ごすためには、家族への負担の軽減、病状の変化への対応、看取りまでの体制を整える必要がある。在宅でエンドオブライフ・ケアを行う看護師には、安心して、その人らしく最期まで生きられるよう、①療養者の意思を尊重、②療養者への医療ケア、③家族への支援、④多職種との体制を整える、この4つの役割があると考える。

第4章　地域でエンドオブライフ・ケアを支える看護の視点

1　療養者の意思の尊重

　療養者の意思の尊重とは、療養者が最期の瞬間までどのように生きたいのか、その思いを受け止め、その生き方が実現できるよう支援することである。

　療養者が衰弱していくと、療養者は自身の生き方について自己決定ができなくなる。そうした場合、看護師は、「療養者だったらどのように思うだろうか。何を選択するだろうか」と療養者の思いを推測しながら支援することになる。それは、看護師にとって容易なことではない。なぜならば、療養者の価値観や生き方を理解しなければ、療養者の希望する支援はできない。つまり、その人がこれまでどのように暮らしてきたか、その人の生活歴や価値観を捉えられていなければ、介入できないのである。多くの場合、看護師は、終末期になってから、療養者との関係が開始する。ここから療養者との関係を構築し、療養者を理解することは容易ではなく、その中で療養者を尊重した支援をすることは大変難しい。エンドオブライフ・ケアを行うには、療養者が終末期に向かう前の元気に暮らしていたその時点からその人を知る必要がある。もし、その人が疾病を抱え在宅医療を利用するような療養者になっても、訪問看護を利用するようになっても、これまでの積み重ねてきた関係があれば、看護師は、最期までその人らしく生きられるように支援ができる。

　1つの事例を取り上げて考えてみたい。元気なときは、「最期まで自宅で好きなことをして暮らす」「病院には行かない」「延命処置はしない」と言っていた人が、終末期を迎え、突然「緩和ケア病棟に入りたい」と言ったとき、看護師としてどう支援すれば良いだろうか。元気なうちから日常的に関わっていた看護師ならば、「大丈夫。私たちが支えるから。心配しなくてもいいですよ。最期まで家で暮らしましょう。いつも、そう言っていたじゃないですか」といった言葉がでるかもしれない。しかし、終末期になってから関わった看護師は、「確かに心配ですね。緩和ケアに行くと安心できるかもしれませんね。先生方にも相談して、緩和ケア病棟に行く準備を進めましょう」と言うかもしれない。後者が、決して療養者の自己決定を尊重していないとはいわない。しかし、その人の暮らしや価値観を知る者が看護師であれば、エンドオブライフ・ケアのあり方は異なってくる。終末期のその時に、その人らしい生き方を支える、つまりその人らしさを尊重した支援するためには、元気なうちから関わる必要がある。

　しかし、このように療養者が元気なうちから看護師が関わることは難しい。元気な療養者に対する関わりは、医療や介護などの保険点数に含まれていない。このような関わりは難しくとも、時には訪問看護ステーションをオープ

ンにしたり、看護師が地域住民の健康相談にのったり、地域の老人クラブに参加したりすることはできる。地域住民が終末期を迎えた時に、その人らしい支援ができるよう、意識して地域住民に関わることが求められる。

2 医療ケア

療養者に対する医療ケアとは、在宅で最期を迎える療養者の身体の状況の変化に応じたケアを行うことである。

療養者は身体の衰弱に伴い、全身倦怠感や痛みが出現する。看護師は、その身体の状態に合わせた医療ケアを行うことが求められる（表4－4）。

表4－4　終末期に療養者に対する医療ケア

医療項目	具体的な医療
医療処置	気管カニューレ、気管内吸引、酸素療法、経管栄養、胃ろう栄養、静脈点滴、中心静脈栄養（体外式カテーテル、皮下埋め込み式カテーテル）、膀胱留置カテーテル、自己導尿、腸ろうや腎ろうカテーテル、消化管ストーマ、インシュリン注射、透析、胸水穿刺、腹水穿刺
服薬管理	オピオイドや非ステロイド性消炎鎮痛薬（経口、貼付、注射、点滴）、吸入、点眼、点耳
医療機器管理	輸液ポンプ、酸素濃縮器、非侵襲的人工呼吸器、人工呼吸器

注：オピオイドとは、麻薬性鎮痛薬やその関連合成鎮痛薬などのアルカロイド及びモルヒネ様活性を有する内因性または合成ペプチド類の総称（引用：特定非営利活動法人日本緩和医療学会緩和医療ガイドライン作成委員会編集『がん疼痛の薬物療法に関するガイドライン』金原出版株式会社　2010年　11頁）。

3 家族への支援

家族への支援とは、在宅での最期を看取りたいという家族の意思を受け止める、家族に合わせた介護方法の支援、家族と療養者との関係性への支援である。

まず、家族の意思をそのまま受け止めることが重要である。療養者の身体の状態の変化を目にすると、家族は「何もしてあげられない」といった無力感や「自分のケアが悪いのでは」といった自責の念に駆られていく。そして、家族は、様々な意思を持ち揺れ動く。看護師は、家族のその揺れ動く意思に合わせたケアを行うことが求められる。ここで看護師に求められることは、その揺れ動く思いを、そのまま受け止め、なぜそのように思ったかをアセスメントすることである。そして、その揺れる思いの背景にあるものを取り除

第4章 地域でエンドオブライフ・ケアを支える看護の視点

くような支援が重要となる。次に、家族に合わせた介護方法の支援である。療養者の症状の変化に伴い、家族にも身体的な負担も増える恐れがある。療養者が、食事、排泄、移動といった動作ができなくなると、家族が介護しなければならない状況に陥る。家族の健康状態や介護体制などを含めた介護能力をアセスメントした上で、家族にあった介護方法を指導する必要がある。そして、家族と療養者との関係性への支援である。療養者と家族が残された時間を大切に過ごすことができるように支援する。また、それぞれの家族の持つ意思を確認した上で、家族間の調整を図ることが求められる。

4 多職種との連携

　在宅で終末期を過ごすためには、多職種が同じ目標をもたなければならない。また、同じ目標を持てるように連携をとる必要がある。特に看護師は、療養者に直接的に関わるため、どの職種より療養者の心身の状態を理解している。そのため、多職種が連携しながら療養者に支援できるように、それぞれの職種の支援の調整を行うことが求められる。また、医療の知識が少ない介護福祉職に対して、教育指導することも重要な役割である。

（1）多職種との連携方法と内容
　多職種との連携方法には、担当者会議の開催、事業所の訪問、サービス提供時の訪問、電話、FAX、郵送、メール、連絡（連携）ノートがある。また、連携するための共通連絡用紙を作成しても良い。連携の際には、その内容に優先順位をつけ、明確に伝える必要がある。
　医療従事者と連携する際には、専門用語を用い、現在の身体状況から伝える。特に、医師は病状に合わせた治療や症状の緩和を行わなければならない。したがって、医師には血圧や脈、意識レベルなどの全身状態や身体症状を優先して伝える。
　その一方、介護福祉職との連携は、療養者の症状と症状に伴う日常生活の変化を優先して伝える。その際には、専門用語を用いずに、分かりやすく伝える必要がある。

（2）緩和ケア病棟との連携
　終末期における緩和ケア病棟との連携は、退院前、在宅への移行時、在宅での安定時、急激な疼痛増強時、看取り時に行う。連携の主な内容は、疼痛に関する事項と疼痛による日常生活の影響、そして、疼痛に関する療養者と

家族の考えである。具体的には、疼痛の種類、痛みの程度、出現時間帯、持続期間、疼痛コントロール（薬剤の種類と量、効果）、薬剤による副作用、疼痛による日常生活（食事、排泄、移動など）の影響、療養者の疼痛緩和に関する考えや理解度、薬剤以外の緩和方法についてである。

　特に在宅への移行時は、在宅生活リズムが整うまで、疼痛の程度や出現時間帯、持続時間が変化する恐れがある。退院前に今後の起こりうる疼痛について確認して、レスキュー・ドーズの準備を行うことが重要である。安定期には、療養者の疼痛コントロール状況の報告を行い、急激な疼痛増強にも対応できるよう常に情報を交換して、薬剤の準備をしておく。そして、在宅でも急激な疼痛増強時に対応できるよう、常に医師との連携を行う。看取り時は、疼痛が緩和されるよう、薬剤を調整する必要がある。療養者や家族が苦痛に耐えられず、緩和ケア病棟への入院を希望することも考えられる。急激に疼痛が増強した場合や急変した場合、緩和ケア病棟に緊急入院が必要かどうかについても事前に検討しておくことも重要である。

　常に緩和ケア病棟と連携を図りながら、療養者や家族の希望に沿った支援を提供することが求められる。

5　今後の課題

　看護師は、療養者がその人らしく最期まで生きられるよう、専門的な知識と技術を身につけなければならない。したがって、看護師には、自身の看護を振り返りながら成長していくことが求められる。定期的にデスカンファレンス*¹などを行い、多職種とその時に支援のあり方を振り返り、自分たちの看護を客観的に評価していくことが重要である。具体的に、デスカンファレンスの参加者は、病棟看護師、病院の医師、訪問看護師、在宅医、専門看護師、認定看護師、理学療法士、家族などで行う。それぞれの職種の関わりや思い、家族の関わりや思いを通して、自身の看護を振り返り、そして、今後の看護につなげていく。将来訪れる多死社会では、人生の最期の生き方も多様化する。高度医療を望む人や医療を全く望まない人がいる。看護師には、多角的な視点で看護を行うことが求められる。

*1　デスカンファレンス
亡くなった療養者のケアを振り返り、今後のケアの質を高めるための話し合い。

第4章　地域でエンドオブライフ・ケアを支える看護の視点

> **コラム**

エンドオブライフ・ケアを地域看護で支援する取り組み事例

　住み慣れた地域で最期まで安心して暮らし続けたいと願う人は多いだろう。なぜなら、住み慣れた地域には、自分の住まいがあり、周囲には気の許し合う隣人、行きつけの商店街があり、居心地が良く、自分らしい暮らしが可能な空間、雰囲気が整っているからである。そのニーズに応えようと、岐阜駅前にある岐阜シティ・タワー43では、「赤ちゃんから高齢者まで安心して暮らせる街づくり」をスローガンにエンドオブライフ・ケアを地域看護で支援する取り組み事例を紹介する。

　岐阜シティ・タワー43は、43階建ての複合施設である。まず、岐阜県の玄関口である岐阜駅に直結しており、利便性が良い。さらに、商業施設（食品スーパー、飲食業、衣料用品店など多種）、高齢者賃貸住宅（108戸）、一般住宅（240戸）がある。そして、一番のポイントとして、3階フロアに「医療・福祉のフロア通称:サンサンタウン」を設けている。このサンサンタウンは、在宅診療、訪問看護、訪問リハビリ、歯科診療、薬局、訪問介護、通所介護、保育、食事などの医療・福祉サービスの提供を実施し、縦に長い街（43階建てのビル）として捉え、スローガンである街づくりを試行錯誤しながら展開している。

　ここの訪問看護ステーションでは、この街の住民が最期まで安心して暮らし続けるために、地域看護師として住民と積極的に交流を図り、いつか訪れる老い、死について一緒に向き合い、共に考えることを大事にしている。

　通常、訪問看護ステーションは契約された方（看護提供が必要と認められ、同意が得られた方）へのサービス提供であるが、それ以外にも、地域看護師として広い視野を持ち地域全体を捉え、この先看護が必要であろうとされる住民、今、同意は得られないが看護提供が必要な住民に対して早期からアプローチをすることで、エンドオブライフ・ケアを支援している。具体的な活動は、啓蒙活動として認知症予防、介護予防、がん治療、等のテーマの講座を開催したり、この先の不安事を相談する座談会を開催したりする。また、配食サービスを手伝うことで、在宅アセスメントや顔見知りの関係を構築している。この活動は、訪問看護ステーションのみならず、サンサンタウン全体で活動を展開している。そして、日頃から住民と挨拶を交わし、調子が悪そうだと思ったら声をかけ、気の許し合う隣人のように溶け込む取り組みをしている。この取組みを通して、いつか訪れるエンド・オブ・ライフの考え方や暮らし方を一緒に考え、生き方の自己決定支援をしている。

81

この活動を約10年間実施して、18名の方がこの街で尊厳ある最期を送られた。そして、今後もこの街で暮らし続けたいと思う住民は82％であった（2017（平成29）年８月の住民調査結果より）。エンドオブライフ・ケアにおいて、私たち訪問看護師（地域看護師）は、対象とする人の暮らしぶり、大切に思う価値観を捉え、その人らしさ（尊厳）を大事に看護提供することが求められる。暮らし、価値観を捉えるには、end stage のみの関わりではなく、元気な時から意図的に関わり、地域全体を視る力が大切だと考える。この活動は、通常業務の＋αの部分であり、ステーションの「のりしろ」的部分である。住民と繋がる、地域コミュニティと繋がるための「のりしろ」として捉え、地域の繋がりが徐々に広がることを願いたい。

引用文献

1）河原加代子他『在宅看護論［第５版］』医学書院　2017年　10頁
2）日本在宅ケア学会編『在宅ケア学［第６巻］エンド・オブ・ライフと在宅ケア』株式会社ワールドプランニング　2015年　154頁
3）宇都宮宏子「入院時からはじめる退院支援」江本賢・清田雅智編『レジデントノート』第15巻第４号（６月）　羊土社　2013年　669頁
4）杉本正子・眞舩拓子編『在宅看護論［第６版］』ヌーヴェルヒロカワ　2016年　343頁
5）蘆野吉和「第５章　在宅緩和ケア」在宅医療テキスト編集委員会企画・編集『在宅医療テキスト［第３版］』公益財団法人在宅医療助成 勇美記念財団　2017年　148頁
6）厚生労働省「地域緩和ケアの提供体制について（議論の整理）」2015年
　http://www.mhlw.go.jp/file/05-Shingikai-10901000-Kenkoukyoku-Soumuka/0000095434.pdf（2018.4.2閲覧）
7）厚生労働省「終末期医療に関する調査」2008年
　http://www.mhlw.go.jp/shingi/2008/10/dl/s1027-12e.pdf（2018.4.2閲覧）

参考文献

・宇都宮宏子・三輪恭子編『これからの退院支援・退院調整』日本看護協会出版会　2017年
・梅田恵・射場典子編『緩和ケア改訂［第２版］』南江堂　2018年
・河原加代子著者代表『在宅看護論』医学書院　2017年
・厚生労働省「在宅医療（その２）」2017年
　http://www.mhlw.go.jp/file/05-Shingikai-12404000-Hokenkyoku-Iryouka/0000161550.pdf（2018.4.2閲覧）
・厚生労働省「在宅医療の現状」（第１回全国在宅医療会議　参考資料２）2016年
　http://www.mhlw.go.jp/file/05-Shingikai-10801000-Iseikyoku-Soumuka/0000129546.pdf（2018.4.2閲覧）
・厚生労働省「訪問看護」（第142回社会保障審議会介護給付費分科会　参考資料２）2017年
　http://www.mhlw.go.jp/file/05-Shingikai-12601000-Seisakutoukatsukan-

第4章　地域でエンドオブライフ・ケアを支える看護の視点

Sanjikanshitsu_Shakaihoshoutantou/0000170290.pdf（2018.4. 2 閲覧）
・厚生労働省「訪問看護療養費に係る訪問看護ステーションの基準等の一部を改正する件」（平成30年厚生労働省告示第 49 号）
　http://www.mhlw.go.jp/file.jsp?id=546125&name=file/06-Seisakujouhou-12400000-Hokenkyoku/0000203039.pdf-74k（2018.4. 2 閲覧）
・厚生労働省「居宅介護支援」（第142回社会保障審議会介護給付費分科会　参考資料 2 ）2017年
　http://www.mhlw.go.jp/file/05-Shingikai-12601000-Seisakutoukatsukan-Sanjikanshitsu_Shakaihoshoutantou/0000170291.pdf（2018.4. 2 閲覧）
・厚生労働省保険局医療課「平成26年度診療報酬改定の概要【在宅医療】」2014年
　http://www.ncgg.go.jp/zaitakusuishin/zaitaku/documents/08_2-2.pdf（2018.4. 2 閲覧）
・厚生労働省保険局医療課「平成28年度診療報酬改定の概要」2016年
　http://www.mhlw.go.jp/file/06-Seisakujouhou-12400000-Hokenkyoku/0000115978.pdf（2018.4. 2 閲覧）
・在宅医療・介護推進プロジェクトチーム「在宅医療・介護の推進について」
　http://www.mhlw.go.jp/seisakunitsuite/bunya/kenkou_iryou/iryou/zaitaku/dl/zaitakuiryou_all.pdf（2018.4. 2 閲覧）
・島内節編・内田陽子編『在宅におけるエンドオブライフ・ケア―看護職が知っておくべき基礎知識―』ミネルヴァ書房　2015年
・終末期医療に関する意識調査等検討会「人生の最終段階における医療に関する意識調査報告書」2014年
　http://www.mhlw.go.jp/bunya/iryou/zaitaku/dl/h260425-02.pdf（2018.4. 2 閲覧）
・専門的・横断的緩和ケア推進委員会「緩和ケアチーム活動の手引き［第 2 版］」2013年
・長江弘子編『看護実践にいかすエンド・オブ・ライフケア』日本看護協会出版会 2014年
・新田國夫編『家で死ぬための医療とケア―在宅看取り学の実践―』医歯薬出版株式会社　2007年
・野嶋佐由美・渡辺裕子編『家族看護選書 第 5 巻 終末期の家族看護・グリーフケア』日本看護協会出版会　2012年
・日本看護協会出版会　日野原重明代表『家族看護17』第 9 巻第 1 号　日本看護協会出版会　2011年
・日本看護協会出版会　日野原重明代表『家族看護24』第12巻第 2 号　日本看護協会出版会　2014年
・正野逸子・本田彰子編『看護実践のための根拠がわかる　在宅看護技術』メヂカルフレンド社　2016年

第**5**章

ケアマネジメントの実際

本章では、ケアマネジメントの実際を事例から学ぶ。実践知を伝承するために事例の共有を試みつつ、ケアマネジメントの実践と看護の役割に視点をあて、地域包括ケアの方法を探求する。

1 在宅での看取りを支えるケアマネジメント
―医療の場から暮らしの場への移行支援―

2014（平成26年）、厚生労働省は「終末期医療」を「人生の最終段階における医療」と名称を変更し、老衰やがん末期と診断された時、積極的治療よりも人生最後の QOL の充実を図るための方法として「在宅医療」の推進を提唱した。さらには、患者本人が住み慣れた地域で療養できるよう、急性期病院と地域医療、介護事業が連携してサービスを提供する「地域包括ケアシステム」が拡充された。しかし今日の家族のあり方は、「独居」や「高齢世帯」「親と独身の子」「子の高齢化」「日中介護者不在」「遠距離介護」など多様化しており、またこれまで「死」は病院が主体であったため在宅死の理解や知識に乏しい。よって人生の最終段階に在宅療養を選択した患者及びその家族は、さまざまな課題や不安に直面することになる。

終末期医療の意志決定を支えるためには、ケースに当たる関係者は、療養者本人や家族の一人ひとりが、それぞれの思いを持っており、気持ちは常に揺れるという前提をもって、その時々の意志を尊重し、気持ちをに寄り添いながら決断を促していく支援が求められる。家族間のコミュニケーションの橋渡しをし、家族が納得して答えを出せるように支えていく。その結果として、人生の最終段階の医療や介護を実現させ、その延長線上に在宅看取りが可能となる。

終末期の在宅支援は、本人や家族の生活スタイルや個人の意思を尊重し、家族の精神的不安や介護負担を軽減して安心して在宅療養が行うことが第一の役割であり、その過程で"在宅ならでは"という満足感を高めることが

QOL向上へとつながる。ここではエンドオブライフ・ケアにおいて在宅医療を支える訪問看護のマネジメントの実際について考える。

〈ねらい〉

　終末期とは、「疾患の最終ステージ」「生命の終焉」、そして「人生の最終章」の3つの意味で使われる。医療依存度の高いがんの終末期患者が満足した人生の幕引きを実現するために、在宅医療の提供体制としての4つの場面がある。「①退院支援」、「②生活の場での療養支援」、「③急変時の対応」、「④看取り」へといった各時期区分に求められる医療や生活支援のマネジメントを事例から考える。

事例1　「医療の場」から「暮らしの場」への移行支援

（1）事例のプロフィール（基本情報）

〈個人因子〉

　S氏、年齢は84歳、性別は男性である。病名の告知に関しては、ストーマ[*1]造設時に病名の告知がされ、補助療法も続けていた。今回再発したが自分の病状についても理解している。今後は、最後まで自宅で過ごしたいという思いがあり、実現することを願う。

〈健康状態、機能・構造〉

　現病歴は、79歳の時に血便があり受診した結果、大腸がんと診断を受け、ストーマ造設となった。すでに肝臓の転移もあり化学療法を実施した。5月に食欲低下と黄疸発症、閉塞性黄疸治療のため入院した。ステント[*2]留置をしたものの、すでに胆管癌（末期）と診断。治療を続けても効果は期待できなく、医師は今後の治療方針として「緩和ケア」を勧めた。現在の症状として、食欲不振が続き高カロリー持続点滴（TPN[*3]）を行うこととなった。その他の自覚症状は、倦怠感の持続、足背に軽度の浮腫が出現しており、また苦痛（主に腹痛）があるためオピオイド製剤（オキシコンチン5mg×2回、レスキュー[*4]としてオキノーム2.5mg）の処方が開始となった。

〈活動・参加の状況〉

食事：1日3回、軟菜粥食を少量ずつ自分で摂取する。

排泄：軟便が一日1〜2回、ストーマは自分で便排出し週2回交換、排尿は
　　　5〜6回、ベッド上にて尿器で介助している。

入浴：入院中はシャワー浴か清拭、一部介助を要する。

移動：入院中は歩行器使用し一部介助にて移動する。

＊1　ストーマ
stoma：ストマともいう。消化管や尿路の疾患などにより、腹部に便又は尿を排泄するために増設された排泄口のことである。

＊2　ステント
人体の管状の部分を管腔内部から広げる医療機器。

＊3　TPN
高カロリー輸液という輸液の一種であり、中心静脈栄養法（Parenteral Nutrition）ともいう。経口摂取や注入などが困難な人に対して、血管内に直接点滴で栄養をいれることをいう。

＊4　レスキュー（緩和医療）
疼痛管理において、定期鎮痛薬では十分に痛みが取れないときに速放製剤として追加投与することである。

第5章　ケアマネジメントの実際

〈個人、環境因子〉

　療養者は果樹園に生まれ育ち、新しい品種を育てて園を大きくしていった。山の斜面に赤い実がたわわになった景色が大好きであり自身の一番の誇りであった。家族構成は、妻との二人暮らしである。80歳の妻は、腰椎圧迫骨折の既往と軽度の認知症が出てきている。現在、果樹園は長男夫婦が引き継ぎ、近所に家を建て孫が2人（中学生と高校生）いる。

　これまで、家の仕事や病気に関しても、すべて本人が決めてきた。

（2）各時期区分による展開

　支援は、①退院支援→②生活の場での療養支援→③急変時の対応→④看取りへと展開する

①退院支援

　医師より患者本人に治療を続けても効果は期待できなく「緩和ケア」が主体となる、余命に関しては数か月であると説明された。告知後の本人の意思は、「最後の景色でもあり、できるだけ家に帰りたい」ということであった。しかし、妻は腰痛や軽度の認知症もあり、実際の介護力としての役割を果たすことが難しかった。近隣に住んでいる長男夫婦は、果樹園の仕事が繁忙期（果実袋をかぶせる時期となり果樹園の仕事が忙しい）のため、このまま入院を継続することを望んでいた。本人と家族の思いにずれがあるため、担当看護師は医療相談員とともに、療養者本人の思いと家族間の思いを尊重しつつ、家族が納得して答えを出せるようにすること、また、退院の可能性を探るために、退院調整会議を開いた。S氏への在宅療養に必要な「医療ケア」として、以下の課題が考えられた。

・疼痛ケアの管理
・CVポート*5とHPN*6の管理
・これまで本人が行ってきたストーマ交換管理

　さらに今後病状進行に伴う緊急時の対応や、家族の介護不安や負担軽減対策等への課題が提示された。S氏を支える支援には、介護保険による利用可能なサービスと医療保険によるサービスを検討した。

　ケアマネジャーは、介護保険の申請において要介護1であることを確認し、居住環境の整備として介護用ベッドや付属マットをレンタルした。

　療養者の介護に関しては、ヘルパーを週4日活用した。排泄援助を中心に午前中に訪問し、身体や環境の整備、清潔ケアを行った。療養者は、軽度の尿失禁はあるが尿瓶を使うことができたため、それを介助者がサポートした。

　医療保険による訪問看護は、週2回の定期訪問で医療ケアとして疼痛管理

*5　CVポート
CVは中心静脈カテーテル、ポートは皮下埋め込み型ポートを指す。

*6　HPN
在宅中心静脈栄養法（Home Parenteral Nutrition）。

87

退院調整会議記録

日 時	平成○○年6月10日　14時30分〜　○○病棟
患者氏名	S氏
出 席 者	療養者本人、妻、長男、
	退院調整看護師、病棟担当看護師、担当理学療法士、管理栄養士
	在宅診療所看護師、居宅介護支援専門員、ヘルパー、訪問看護師
	福祉用具レンタル事業担当者

入院の経過と病状について

　医師より今回の入院は胆管が閉塞し黄疸がでたがステント留置により改善した。しかし治療を続けても期待した効果はなく今後も症状緩和となる。余命は月単位、との説明がなされた。

・本人、家族の気持ちについて（在宅に帰るにあたっての不安な点など）

　本人：数か月でもいいから、少しでも長く家で暮らしたい。

　　　　しかし家で点滴や痛みが出たとき、どうしたらいいか心配。

　妻　：腰が痛いのに介護ができるか、自信がない。

　家族：本人の気持ちをかなえてやりたいが、仕事が繁忙期で介護が手伝えない。

・日常生活動作及び注意する点

	現状報告	家での注意及び課題
移動	トイレまで介助で歩行器歩行	移乗見守り、移動は車椅子
食事	自立	自立
排泄	尿器、ストーマ看護師が交換	尿器、ストーマ交換介助
更衣	一部介助	一部介助
入浴	シャワー	一部介助

・継続が必要な医療と予測される課題

　オピオイド管理と正確な内服

　HPNの管理と点滴の交換

　これまで本人が行ってきたストーマ交換管理ができなくなった時

・緊急な症状が出たときの対処

　訪問看護の24時間の電話相談や緊急訪問が必要時可能、在宅医の往診診察依頼

・おおよその在宅サービス調整

　福祉用具：ベッド、柵、点滴スタンドのレンタル

　訪問看護：ストーマ交換、点滴ルート・針交換、麻薬等内服管理（週2回）緊急時
　　　　　　の対応

　ヘルパー：身体部分保清、排泄介助、服薬確認、散歩介助（週4回）、

・退院予定日とそれまでの確認事項

　退院7月1日14時（送迎方法　介護タクシー）

・退院までの最終確認事項

　長男のHPN器機及び点滴交換の指導

とポート針およびルート交換、ストーマの張替えとシャワー浴を担うことになった。さらに24時間対応体制、緊急対応を契約することで、定期訪問以外の電話相談や緊急訪問が可能となった。

　家族の役割として、長男には仕事帰りに本人宅に寄って様子を確認し、さらに持続点滴の交換を依頼した。妻にはそばで見守ってもらい、トラブル発生時には連絡できるよう緊急連絡方法を説明した。

　また主治医から在宅診療医に情報提供がなされ、在宅訪問診療が受けられるようになった。後方病院として、急変時や在宅での対応が困難な時は、いつでも再入院が可能であるというバックアップ体制を敷き、療養者やその家族の安心を得ることができた。

　それらの支援を調整できたことに対して、長男は、介護者となる妻の介護への精神的負担を最後まで心配していたが、妻は、支援内容を確認したことで、「とにかく帰ってみよう」と前向きになった。そして、自宅での受け入れ環境が整い次第、退院することになった。

②生活の場での療養支援

　退院時同日に訪問看護師も訪問した。点滴スタンドの位置や高さ調節、移動しやすいベッドや柵の設置の確認、自分で取りやすい尿器やストーマ物品の設置など室内環境を設定した。また、病棟ではオキシコンチンの定期服用を6時、18時に看護師が配薬していたが、妻が管理しやすいように、妻の生活時間に合わせた8時、20時に変更し、薬袋に日付と時間を記入、箱に入れて家族で確認できるようにした（療養者は、自宅に帰れたことを喜んだ）。

　退院翌日に訪問看護師は早速訪問し、療養者の希望により久しぶりの入浴を支援した。風呂好きである療養者より「もう家の風呂には入れないと思っていた」との声が聞かれた（要望が叶ったことに大変満足した）。

　また、長男との連絡を密にするための「連絡ノート」を作り、バイタルサインや現在の状態について記入して伝えた。妻に対しては、食事や水分、オキノーム服用時間を書いてもらうよう依頼した。そして、ストーマ交換や点滴交換時にも妻にもなるべく一緒に手伝ってもらうようにした。妻は「私は何もできない」と言いながらも、食事や定期薬の服用以外に、尿瓶の介助と交換、ストーマのガス抜きや溜まった便の処理、そして点滴本体の差し替えまでできるようになり、介護に対し不安が軽減し、夫への世話を楽しんでいる様子も見られるようになった。

　ヘルパーは、散歩の時間を作って車椅子で果樹園まで連れていった。果樹園では、袋がかかった果樹をみて収穫が近いことを喜び、果樹園を背景に家族全員の記念撮影を行った。

表5−1　介護保険ケアマネジメントの計画書

居宅サービス計画書（1）

利用者名　　殿	生年月日		
介護サービス計画作成者名			
居宅介護支援事業者・事業所名及び所在地	市　　〇〇事業所		
認定日　　平成〇〇年　〇月　〇日			認定の有効期間

要介護状態区分	要介護 1

利用者及び家族の生活に対する意向	本人：帰れてうれしい。妻のことや畑が心配だが、長男に迷惑をかけないようできるだけ自分のことは頑張りたい。 長男：できる限り本人の希望は叶えてあげたいと思っている。介護サービスを利用してやれるだけやってみる。 妻：私ができるか心配ですが、皆さん力を貸してください。
総合的な援助の方針	5年前に病気をされ手術を受けられ治療を続けてこられましたが、今回再発ということで、化学療法等の積極的治療から痛みや症状緩和が主体の緩和ケア医療を選択されました。主治医からは症状が安定している時期はできるだけ在宅で過ごしていただくことを勧められ、退院となりました。在宅でも持続点滴やストマケアの管理が必要であり、また痛みを抑えるために定期薬や臨時薬が処方されています。これらを安全に管理し安心して生活できるよう訪問看護（医療保険適用）が中心に支援します。在宅医や訪問看護は24時間の対応で緊急時も相談可能です。またヘルパーや近隣の人たちの支援による日頃の奥様の介護補助や外出支援の機会を設けます。これらにより、家でよかったと感じていただけるよう援助していきます。

居宅サービス計画書（2）

利用者名　　殿

生活全般の解決すべき課題（ニーズ）	援助目標				援助内容					
	長期目標	期間	短期目標	（期間）	援助内容	※1	サービス種別	※2	頻度	期間
体調の不安や、安全に点滴やストマ管理してほしい	在宅療養生活が継続できる		在宅で必要な医療を受けることができる		往診・健康上のアドバイス		①往診	①在宅医	1回／2W	
					・中心静脈栄養、ストマケア、服薬の管理・在宅療養に関するアドバイス等・状態悪化時の緊急対応	○	①訪問看護②家族介護	①訪問看護②長男	2日／W毎日緊急時	
ベットから離れ畑を見に行きたい	在宅生活の質の向上を図る		離床の機会もち安全に移動や散歩ができる		特殊寝台（3モーター）、特殊寝台付属品（サイドレール1組）車いす、スロープを貸与し、必要時に起き上がり散歩に行ける環境をつくる	○	福祉用具貸与	福祉用具	毎日	
					・移乗・移動介助・散歩介助・排泄介助　服薬確		ヘルパー	訪問介護	4日／W	
自宅で入浴がしたい	在宅療養をきれいな体で継続することができる		身体の清潔が確保できる		洗髪、身体の介助。身体の清潔を確保する。（全身の皮膚の状態の確認）	○	訪問看護（移動が可能なとき）訪問入浴（移動が困難なとき）	訪問看護訪問入浴スタッフ	2回／W	
妻の介護への支援	介護に自信が持てる		介護の不安や負担が軽減する		妻の話を傾聴したり、介護の支援をする		随時、訪問	家族、親族、近隣の友人民生委員	随時	

③急変時の対応

　7月14日、散歩中に呼吸苦悶感が出現し、訪問看護ステーションに緊急連絡が入った。患者からは軽度の喘鳴と下肺野換気音不良、下肢に浮腫とチアノーゼがあり、SpO_2[*6]：89％と呼吸不全の兆候が見られた。すぐに上体を挙上し安静臥床させて医師に連絡した。

　医師からは、心臓の負荷をとるための点滴減量と酸素投与の指示が出された。療養者と家族は、今後のことを心配していたため、再び入院治療も可能であることを説明し、本人や家族の意思確認をした。本人は「入院したくない。酸素を吸入したら少し楽になった」と答えた。家族は「本人は十分満足している。最後まで頑張りたい。このまま家で看取ってやりたい」と言われ、両者の意思確認ができた。家族への不安や負担へのさらなる確認を継続して

＊6　SpO_2
酸素（O_2）の飽和度（Saturation：サチュレーション）の測定値。

第5章　ケアマネジメントの実際

表5－2　訪問看護計画書　参照

訪問看護計画書

患者氏名	S・S 様		生年月日	昭和8年1月1日 生	（　　84　歳　　）
要介護認定の状況	自立　　　要支援（　1　2　）			要介護（　①　2　3　4　5　）	
住所					

看護・リハビリテーションの目標

ご自宅でご本人、ご家族が安心して療養できるよう援助します。
・体調管理、疼痛ケア管理、ストマ管理、ＨＰＮ・高カロリー点滴管理
・身体清潔支援（入浴介助）
・緊急時の対応、医師・ケアマネジャーとの連携

ニードNO	年月日		問題点・解決策
#1	H29/07/01	体調が変化しやすくまた在宅での医療管理に不安がある	・月、木曜日午前中に訪問し、血圧や体温、脈拍、酸素飽和度等バイタル測定や一般状態を観察します。
			・夜間の睡眠状況や食事摂取量、腹部症状の有無、浮腫や疼痛の程度を観察し異常の早期発見に努めます。
			・週1回ポート針交換と点滴ルート交換を行います。その際、皮膚の観察と感染に兆候がないかを確認いたします。
			・点滴交換時等で困難な場合やアラーム時は緊急電話に相談ください。
			・週2回ストマ交換を実施します。その際、ストマ周囲の皮膚のケアと装着の具合を確認いたします。また、もれや不具合があればアドバイスいたします。
			・内服の服薬状況や副作用の有無を確認します。薬の管理や本人が飲みやすい方法の提案をいたします。
			・急な体調の変化などご自宅での対応が困難な場合は緊急電話ご相談下さい。必要時、臨時の緊急訪問をします。（24時間緊急対応）
			・医師と連携し訪問診療時には情報提供します。また、急な状態の変化の時は医師と相談し対応いたします。
#2	H29/07/01	自宅入浴を楽しみ清潔を保ちたい	・訪問時に入浴の介助を行います。その日の状態に応じて清拭や陰部洗浄、寝衣の交換を行います。移動が困難になれば、訪問入浴に切り替えて継続します。
			・保清時には全身の皮膚の状態を観察し、皮膚トラブルを早期に対応いたします。
#3	H29/07/01	高齢世帯であり介護に不安がある	・ケアマネージャーと連携し必要なサービスや福祉用具の提案します。また、ヘルパーや訪問入浴と民生委員や近隣の友人とも情報共有しながら、一緒にサービスを提供します。

衛生材料等が必要な処置の有無		有	無
処置の内容	衛生材料（種類・サイズ）等		必要量
IVHポート交換	フュバー針、カフティポンプ用ルート、滅菌フィルム材		週1回交換
ストマ交換	ストマパウチセット		週2回交換
備考			

行った。妻への支援にしては、民生委員の方や近隣の友人が訪問し、精神的
な支援をしてもらえた。

　徐々に、療養者の臥床時間が長くなり、呼吸困難と経口摂取が難しくなっ
てきた。そして、突然起き上がったり、感情が不安定になるなど、せん妄症
状も出現した。入浴時の転倒のリスクや、意識レベルの低下への恐れもあり、
臨死期へと状態が変化した。

　看取り期へのサービス調整が必要となり、ケアマネジャーに連絡し、7月
21日サービス担当者会議を開催した。看護師から医師へ、せん妄や身の置き
所のない辛さがある様子を報告した。そして、緩和ケアチームとも連携し、

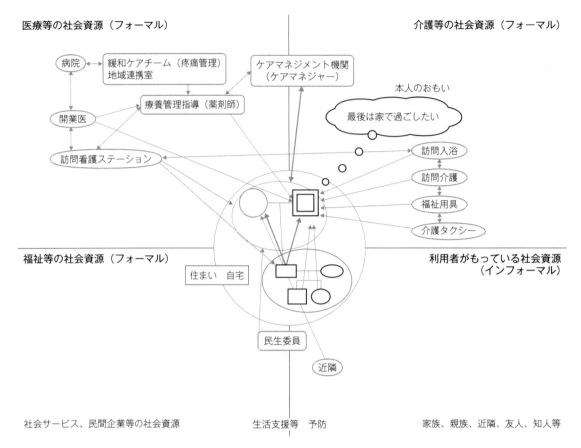

図5-1 S氏を取り巻くエコマップ

　医師からは、処方内容が変更された（フェントステープ2mg×2、屯用アンペック坐薬10mg坐薬）。妻の希望により訪問看護の訪問回数を週4回へと増やした。療養者からは、好きな入浴はできるだけ継続したいとの希望があったため、訪問入浴を週一回依頼した。また、起き上がりが困難になり、背部・仙骨、踵に褥瘡の発生リスクが予測されたため、褥瘡予防のエアーマットを導入した。

④ **看取り期**

　療養者は、徐々に意識レベルが低下し、呼吸休止が長くなり溜息をつくような深い呼吸となり、7月26日から昏睡状態に陥った。家族に対し、看取りのサインとなる異常呼吸や呼吸停止時の連絡方法について説明し、看取りの時期が近いことを伝えた。ケアマネジャーには、入浴サービスの中止を依頼した。

　7月30日21時、家族より呼吸が変わったとの連絡が入った。看護師の訪問時には、既に下顎呼吸からチェーンストークス呼吸（瀕死時の呼吸）に移行

しており、動脈は頸動脈がかすかに触れたが、瞳孔対光反射は消失していた。呼吸が止まることが間近いことを家族に話し、医師に連絡した。23時に、呼吸が止まったとの連絡が入り、医師が往診し、家族に囲まれた中での死亡確認となった。

　その後、訪問看護師は妻と一緒にエンゼルケア（死後に行う処置）を行った。全ての管を外してストーマや創傷をきれいに整えて、妻のこれまでの介護をねぎらった。すると、妻は「この人はいつも作業服だった。最後に背広を着せてあげたい」と背広を出してきた。妻はネクタイを締めながら夫に感謝を告げていた。

（3）看護師による区分別マネジメントのポイント

・がん終末期患者の退院調整会議では患者の病状変化や今後継続する医療や看護課題について情報共有した上で、生活目標について話し合う。特に告知や予後宣告など本人や家族の思いを確認しておく。気持ちの変化にも気づくように時々確認する。

・急変時の対応について説明し、本人・家族が入院を希望した場合には、病院はいつでも受け入れる用意があることを告げることが、安心へとつながる。

・がん末期医療のポイントは、苦痛を最小限にすることにある。在宅でもオピオイド剤が正しく服用され、疼痛ケアが上手くコントロールできるよう指導する。

・在宅サービスの調整は、本人の残存能力と家族の介護力を考慮してサービスを組み立てる。

・訪問看護の24時間緊急体制の活用と、急変時の実際の対応を知る。その際、医師より死亡宣告される最期まで、患者には医療を受ける権利が保障されていることを看護師は忘れてはいけない。また、医療の選択は療養者自身の意思によるものであることが重要である。

・療養者が苦痛を訴えたり、療養者自身の意識レベル低下時、医療の選択や生死の判断を任された家族は不安に揺れる。そのような家族の思いに寄り添いながら家族の決定を支援していく。

・臨死期に向かう身体の衰退は週単位から日単位へと急速に進行する。サービスの変更にはある程度予測性と迅速な対応が求められる。その時期を見極め早めにケアマネジャーと連携する。

・臨死期では、死へと向かう身体の変化を説明し、看取り時の対応を指導しておく。

*7　グリーフケア
身近な人を亡くし、大きな悲しみに暮れている人をサポートする、遺族ケアの一環。グリーフ（grief）とは、不幸・喪失・死別などによる深い悲しみを指す。

・グリーフケア*7では患者の尊厳を保つとともに、家族の悲嘆を引き出す。また、これまでの選択や介護をねぎらい心残りのないよう、精神的支援を行う。

（4）まとめ

がん終末期患者の在宅医療では、疼痛や苦痛を最小限にした安全な医療・ケアを保障し、急変時にも対応し、安心できる支援を提供することが重要である。在宅介護では、家族の介護負担の軽減や QOL の向上を図ることが求められる。訪問看護師は医療のことがよくわからない患者・家族の代弁者となり、また、協働するサービス事業者が安全に支援できるよう情報提供しマネジメントする役割が求められている。

2　重度障がい者が自立して地域で暮らすことを支えるケアマネジメント

〈ねらい〉

この事例を通して学ぶことは、人工呼吸器という呼吸を助けてくれる機器をつけて、24時間介助者に支えられている人が在宅生活を望んでいる。どんなに障がいが重くても地域で普通に暮らしたいという思いがある。その T さんの生き方とそれを支える地域の支援のあり方について考える。

事例2　重度障がい者の自立生活への支援

（1）事例のプロフィール（基本情報）

〈個人因子〉

T 氏、年齢は35歳、性別は男性である。病院入院中だが在宅療養を希望している。本人の意思は明瞭であり、意思決定ができ、人生を前向きにとらえる、温厚な人柄である。

T 氏は4歳で進行性筋ジストロフィー症を発症し、次第に筋肉の力がなくなって、呼吸する筋肉や心臓の筋肉までに影響がでている。現在は人工呼吸器、心臓のペースメーカーを入れた状態であり、病院で生活している。T 氏は、病院で患者として管理され、自分の意思とは関係なく、病院の規則や日課に縛られて暮らす生活は普通でないと感じている。自分の意志で、全て自

第5章　ケアマネジメントの実際

己の選択と決定に基づいて自分らしく生きたいと思い、はじめて在宅での自立生活を実現させたいと思っている。

〈健康状態、機能・構造〉

　病名は進行性筋ジストロフィーで、23歳で意識不明となり人工呼吸器を装着侵襲的陽圧換気（invasive positive pressure ventilation：IPPV（ポータブル重量式人工呼吸器））、ペースメーカーを使用（定期的交換が必要）、一日に痰の吸引が4〜6回必要、四肢すべてに麻痺があり、寝たきり状態である。顔と指の筋肉は動くため、PCを活用することや、介助が必要な時はナースコールが押せる。

　　検査データ（現在）：

　　バイタルサイン　T36.5℃　p70　血圧120-72mmHg　SpO$_2$　97%（WBC）9000（/μL（RBC）4.0万〜5.5×106個/μL（Hb）13.0g/dL（Hct）40%（TP）6.5g/dL。

　　身長：140cm　体重：40kg（小柄でやせ型）

〈活動・参加の状況〉

・呼吸：気管切開をして人工呼吸器を装着中である。本人が希望したときに痰の吸引をする（毎日4〜6回、夜間も1回程度）。毎日、切開部の消毒やガーゼ交換が必要である。

・食事：普通の食事を介助にて食べる。偏食はない。

・排泄：尿意便意はあり。毎日朝食後、排便を便器で介助。尿は1日5回程、尿器で介助する。

・入浴：週2回　エアバックで人工呼吸をしてもらい入浴。入浴しない日は、洗面と全身清拭。食後の歯磨きを励行する。

・姿勢：2時間ごとに体位変換を介助する。

・移動：座位が困難なため、リクライニング車椅子による移動。月2回程度ボランティアの支援によって病院から外出。

・趣味：指が動くためパソコンを使用して、短歌を作るなどの執筆活動を支援する。

〈個人・環境因子〉

　2人兄弟の長男として岐阜県で出生する。Tさんは家族に頼らない在宅での自立生活を希望し、障がい者団体の協力を得ながら在宅生活を実現したいと考えている。そのため、地域の24時間のケア体制を整える必要がある。

　家族構成は、両親と弟との4人家族である。定年退職後の父は透析療養中でありひっそりと暮らしている。母は父の介護しているためT氏の介護は困難である。週1回の家事や家庭の管理等の雑用は可能である。弟は別の地

95

＊8 重度障害者等包括支援（障害福祉サービスの内容）
重度の障害者等に対し、居宅介護、同行援護、重度訪問介護、行動援護、生活介護、短期入所、共同生活介護、自立訓練、就労移行支援及び就労継続支援を包括的に提供する（厚生労働省）。

域で暮らしており、月1回程度の支援は可能である。障がい支援区分6（重度障がい者包括支援のサービス対象者）＊8、重度障害手帳1級であり、医療的見地からの専門的支援が必要である。利用者及びその同居家族、市町村、委託先障がい福祉サービス事業者はもとより、同時期に入る訪問看護事業者等の医療系サービス事業者や、当該利用者の主治医等若しくは当該対象障がいの専門医との緊密な連携が必要である。本人の望んでいる生活を支援するためには、ADLの介助を行うにも常に本人の意思を尊重していくこと、また、生きがい活動に関しても行政のサービスでは不十分であり、ボランティアの力を借りて、本人の望んでいる生活を組み立てていく。

（2）24時間対応型在宅ケアのマネジメント

人工呼吸をつけた人の24時間のケアを実現するために以下の課題が考えられる。

①地域における24時間介助体制が未確立

②人工呼吸装着に伴う医療ケアをしてくれる訪問診療と看護、介護の確保が必要

③緊急時に迅速に連絡が取れる体制の未整備

④住居や生活維持のための経済的困難等

重度の障がいのある人が地域で自立生活をすることの意味やその生活を継続する上で、どのような支援が必要なのかを地域の資源をもとに考える。表5-3に24時間の必要な支援内容を家事援助と身辺ケア（介護）と医療ケアに分けて示した。

地域で生きて暮らしていくためには、医療職と介護者とが緊密な連携のもとに、セルフケア（自分で行えること）、フォーマルケア（公的機関や専門職による制度に基づくサービス）インフォーマルケア（家族、親族、近隣、友人等制度に基づかないサービス）を活用する。不足する社会資源に関しては開発し、本人や家族が安心して暮らせる24時間365日を見据えたマネジメントが必要となる。

24時間対応型のマネジメントの視点

・多職種連携と緊急時の連携体制について考え地域の支援システムを考える。

・起こりうるリスクを想定して24時間の緊急体制について考える。

・24時間の生活ニーズをアセスメントする。

・24時間の生活マネジメントを考える。

その際の自助、公助、共助、互助のサービスを基本に考える。

表5－3　24時間対応のための支援内容

		家事援助	身辺ケア	病状の観察と医療的処置
日動帯・9－17時			生活状態のアセスメント	病状の観察、判断
			排せつ介助、体位変換	呼吸器管理、呼吸のケア（ドレナージ、タッピング、吸引）
		布団干し、シーツ交換、	モーニングケア	スキンケア
		環境整備、掃除、ゴミ捨て、	清潔介助（洗面　清拭）	（手、爪の手入れ等）
		調理、食事の準備ー片づけ	更衣、整容	栄養評価、栄養指導
			食事介助、体位変換	服薬介助
		洗濯	排せつ介助、体位変換	
			食事介助	
			入浴介助	呼吸器管理、呼吸のケア（ドレナージ、タッピング、吸引）
			短歌つくり等の介助	
			体位変換、機能訓練介助	リハビリテーション
			環境整備	療養に必要な機器のチェック
				薬品、衛生素材チェック、医療器材の点検
		買い物	申し送り	対症看護、緊急対応
準夜帯・17－22時		食事の準備（調理）	生活状態のアセスメント	病状の観察、判断
			排せつ介助、体位変換	呼吸器管理、呼吸のケア（ドレナージ、タッピング、吸引）
			清潔介助、イブニングケア	スキンケア
			更衣、整容	
		食事の片づけ	食事介助	服薬介助
			排せつ介助、体位変換	
			体位変換、機能訓練介助	リハビリテーション
			飲水介助	呼吸器管理、呼吸のケア（ドレナージ、タッピング、吸引）
		電気、水道、ガスの管理	ベッド整頓、体位変換	必要時、対症看護、緊急対応
		戸締り	排せつ介助、体位変換	
深夜帯ー早朝				病状の観察・判断、呼吸のケア（喀痰吸引）
			排せつ介助	対症看護（発熱、疼痛）、緊急対応
			体位変換	
			飲水介助	呼吸器管理、呼吸のケア（ドレナージ、タッピング、吸引）

・障害者のサービスを理解し、活用する。
・各自治体や地域住民が担える支援（消防署、警察所、近隣、大家、民生委員、ボランティア等）を最大限活用できるようにする。
・社会資源で必要なものは開拓する。
・災害時等におけるリスクマネジメントをしておく。

（3）まとめ

　最重度の障がい者が、人生の最期までを地域で暮らしていくことを可能にするには、医療機関による退院支援や地域の福祉関係機関による地域生活支援の両面が必要である。そして、市町村による地域住民と行政等との協働による24時間対応の包括的支援体制作りが求められる。そのためには、地域の人々が、地域でケアの文化を育て、地域の共有財産を増やすための活動を実現させていく知恵とパワーを持たねばならない。

表5－4　自立生活を支えるための社会資源リスト

項目	サービス又は制度名	内　　　容
医療	（専門医療機関）	筋ジス　定期受診（月1回）
	国立病院機構 医療センター	在宅人工呼吸療法の保険点数による呼吸器のレンタル 医療消耗品等の支給及び院内処方による薬の処方 在宅人工呼吸器管理（人工呼吸器の借入と管理、カニューレの交換） ペースメーカー受診（半年に1回、ペースメーカー定期点検、7～8年ごと電池の交換）
	（かかりつけ医） 在宅療養支援診療所	定期往診（週1回） 緊急時往診（24時間対応） 栄養管理（管理栄養士の同行） 在宅酸素 緊急入院受け入れ体制の確保
	訪問看護ステーション	訪問看護　週5回　・月～金、1回1時間程度
	訪問歯科診療	週1回
	訪問耳鼻科診療	不定期
	保健師訪問	主に健康・医療面での相談、月に1回程度
生活福祉	障害基礎年金	経済的支援
	特別障害者手当	経済的支援
	生活保護	生活扶助・在宅扶助 他人介護加算厚生労働大臣承認（157,800円　月120時間に換算） 医療扶助（医療費と通院費）
障害福祉	介護給付支給決定	重度訪問介護　移動加算・二人体制　月612時間
	日常生活用具	特殊ベッド、便器、尿器、特殊マット、パルスオキシメーター、ネブライザー（退院当時）、段差解消機、パソコン
	補装具	ストレッチャー
	訪問入浴	週2回　火・金　（バスタブとお湯の持ち込み、看護師1、担当2と訪問看護で実施）
	障害者団体	介助コーディネーター（サービス提供責任者と自立支援） 事業所持ち出し（二人体制の時の1人分、1日1時間　月31時間） 事業所持ち出し（外出時の介護1名分）
地域のサービス	消防署	緊急搬送の場合の、呼吸器の場所等の確認
	中部電力	停電時や災害時の対応についての相談
	医療機器事業者	人工呼吸器をレンタルしている医療機器事業者による人工呼吸器の定期保守点検及びバックアップ、24時間対応
	旅客運送事業者	運賃の割引
	福祉有償運送	
	ボランティア	主に家族と近隣の主婦の方4名、買い物、食事作り、掃除等（週1回～月1回）

第 5 章　ケアマネジメントの実際

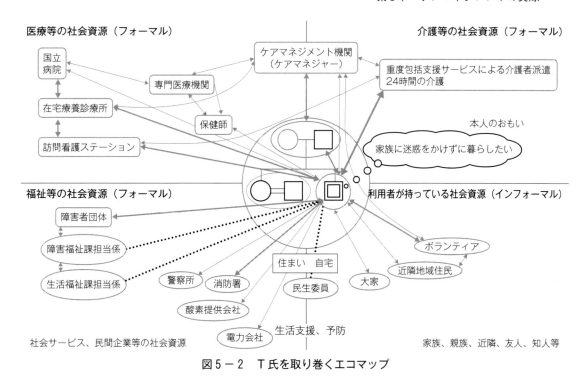

図 5 − 2　T 氏を取り巻くエコマップ

参考文献
・河原加代子他『在宅看護論［第 5 版］』医学書院　2017 年
・牛田貴子『ケアの場面で考える家族看護の展開（ナース専科 BOOKS）』SMS　2009 年
・山崎章郎「『専門的在宅緩和ケアチーム』のあり方」『在宅新療 0-100』第 2 巻第 9 号
　へるす出版　2017 年　805-810 頁

おわりに

「ニッポン一億総活躍プラン」に掲げられている地域共生社会の実現について、厚生労働省は、「他人事」になりがちな地域づくりを地域住民が「わが事」として、主体的に取り組む仕組みを作っていくと共に、市町村においては、地域づくりの取り組みの支援と、公的な福祉サービスへのつなぎを含めた「丸ごと」の総合相談支援の体制整備を進めるとしています。

今日の私たちの地域では、少子化、高齢化が進み、自治会や町内会、子供会などの活動も減り地域での人とのつながりが薄れています。地域で暮らしていくことへの「生活のしづらさ」が増しており、誰にも看取られない孤立死や、認知症の人の社会的孤立・社会的な排除も起きているのが現実です。

このような状況において、オープンサロンなどの拠点を作り、地域の人々と共生社会を創る試みや、地域の人達が集まる学習会で相互関係を築き、よい影響を与え合う仲間を育成し、大きなパワーにしている地域もあります。

医療や福祉専門職は、「地域共生社会の実現」に向けて、一つひとつの事例の積み重ねをしていく中で、個人の課題を中心に「地域」を捉えていくことから始まります。そして、その人が暮らすその地域を良くするという視点で関わっていくことで、地域も開けていきます。自分たちが、地域づくりの一端を担っているという自覚が大切であると言えます。

本著は、このような学びを期待し、とにかく書き上げたものです。まだ書き切れていないところもありますが、本著が一つのきっかけとなり、さらなる発展を遂げていくためのステップとなることを、私たちは願っています。

後藤　真澄

巻末資料

退院前カンファレンスで必要な情報（ICF の分類に基づく）

健康状態

健康状態	情報の視点
疾患名	現病歴（今ある合併症）、既往歴
健康レベル	現状の健康レベル、予後
治療・処置	内服療法、その他の療法、行っている処置、指示等
治療方針	医師の治療方針
検査	

心身機能と構造

領域	カテゴリー	分類（情報の視点）
精神機能	全般的精神機能	意識機能、見当識機能、知的機能、全般的な心理社会的機能、気質と人格の機能、活力欲動の機能
	個人的精神機能	注意機能、記憶機能、精神運動機能、情動機能、知覚機能、思考機能、高次認知機能、言語に関する精神機能、自己と時間の経験機能
神経系の構造		脳の構造、脊髄と関連部位の構造、交感神経系の構造、副交感神経系の構造
感覚機能と痛み	視覚及び関連機能	視覚機能
	聴覚と前庭の機能	聴覚機能
	痛み	痛みの感覚
目・耳及び関連部位の構造		眼窩の構造、眼球の構造
		外耳構造、中耳の構造、内耳の構造
音声と発話の機能		音声機能、構音機能、音声言語（発話）の流暢性とリズムの機能、代替性音声機能
音声と発話に関わる構造		鼻の構造、口の構造、咽頭の構造、喉頭の構造
心血管系・血液系・免疫系・呼吸器系の機能	心血管系の機能	心機能、血管の機能、血圧の機能
	血液系と免疫系の機能	血液系の機能
		免疫系の機能
	呼吸器系の機能	呼吸器機能、呼吸筋の機能
	心血管系と呼吸器系の付加的機能と感覚	その他の呼吸機能（咳、くしゃみ、あくび）、運動耐容能、心血管系と呼吸器系に関連した感覚

巻末資料

領域	カテゴリー	分類（情報の視点）
心血管系・血液系・免疫系・呼吸器系の構造		心血管系の構造
		免疫系の構造
		呼吸器系の構造
消化器系・代謝系・内分泌系の機能	消化器系に関する機能	接触機能、消化機能、排便機能、消化器系に関連した感覚
	代謝と内分泌に関する機能	全般的代謝機能、水分・ミネラル・電解質のバランスの機能、体温調整機能、内分泌腺機能
消化器系・代謝系・内分泌系の構造		唾液腺の構造、食道の構造、胃の構造、腸の構造、膵臓の構造、肝臓の構造、胆嚢と胆管の構造、内分泌腺の構造
尿路・性・生殖の機能	尿路機能	尿排泄機能、排尿機能、排尿機能に関連した感覚
尿路性器系・生殖系に関連した構造		尿路系の構造、骨盤底の構造
神経筋骨格系と運動関係に関する機能	関節と骨の機能	関節の可動性の機能、関節の安定性の機能、骨の可動性の機能
	筋の機能	筋力の機能、筋緊張の機能、筋の持久性機能
	運動機能	運動反射機能、不随意運動反応機能、随意運動の制御機能、不随意運動の機能、歩行パターン機能、筋と運動機能に関連した感覚
運動に関連した構造		図頸部の構造、肩部の構造、上肢の構造、骨盤部の構造、下肢の構造、体幹の構造
皮膚及び関連部位の機能	皮膚の機能	皮膚の保護機能、皮膚の修復機能、皮膚に関連した感覚
皮膚及び関連部位の構造		皮膚の各部の構造

活動と参加

領域	カテゴリー	分類（情報の視点）
学習と知識の応用	目的を持った感覚的経験	注意して視ること、注意して聞くこと
	基礎的学習	模倣、反復、技能の習得
	知識の応用	注意を集中すること、思考、読むこと、書くこと、問題解決、意思決定
一般的な課題と要求		単一課題の遂行、複数課題の遂行、日課の遂行、ストレスとその他の心理的要求への対処

領域	カテゴリー	分類（情報の視点）
コミュニケーション	コミュニケーションの理解	話し言葉の理解、非言語的メッセージの理解、書き言葉によるメッセージの理解
	コミュニケーションの表出	話すこと、非言語的メッセージの表出、書き言葉によるメッセージの表出
	会話並びにコミュニケーション用具及び技法の利用	会話、コミュニケーション用具及び技法の利用
運動・移動	姿勢の変換と保持	基本的な姿勢の変換、姿勢の保持、乗り移り（移乗）
	物の運搬・移動・操作	持ち上げることと運ぶこと、細かな手の使用、手と腕の使用
	歩行と移動	歩行、移動、用具を用いての移動
	交通機関や手段を利用しての移動	交通機関や手段の利用
セルフケア		自分の身体を洗うこと
		身体各部の手入れ
		排泄
		更衣
		食べること
		飲むこと
		健康に注意すること
家庭生活	必需品の入手	住居の入手
		物品のサービスの入手
	家事	調理、調理以外の家事
	家庭用品の管理及び他者への援助	家庭用品の管理、他者への援助
対人関係	一般的な対人関係	基本的な対人関係、複雑な対人関係
	特別な対人関係	公的な関係、非公式な社会的関係、家族関係
主要な生活領域	教育	就学前教育、学校教育
	仕事と雇用	報酬を伴う仕事
	経済生活	基本的な経済的取引
コミュニティライフ・社会生活・市民生活		コミュニティライフ、レクリエーションとレジャー、宗教とスピリチュアリティ

環境因子

領域	分類（情報の視点）
生産品と用具	個人消費用の生産品や用具
	日常生活における個人用の生産品と用具
	個人的な屋外の移動と交通のための生産品と用具
	コミュニケーション用の生産品と用具
	文化・レクリエーション・スポーツ用の生産品と用具
	宗教とスピリチュアリティ儀式用の生産品と用具
自然環境と人間がもたらした環境変化	自然地理
支援と関係	家族、親族、知人、仲間、同僚、隣人、コミュニティの成員
	対人サービス提供者
態度	家族の態度
	対人サービス提供者の態度
	保健の専門職者の態度
	社会的規範、慣行、イデオロギー
	コミュニケーションサービス・制度・政策
	交通サービス・制度・政策
	社会保障サービス・制度・政策
	一般的な社会的支援サービス・制度・政策
	保健サービス・制度・政策

介護者

分類（情報の視点）
年齢、性別、職業、現疾患・現病歴、既往歴、家族内での役割、介護能力、副介護者の有無、価値観、介護への思い

個人因子

分類（情報の視点）
年齢、性別、性格、病気の受け止め方、ライフスタイル、生き方（信条、価値）、考え方

索　引

あ行

IADL　4
ICF　5、46
医学的、社会的モデルの統合　46
生きる　2
医行為　52
一番ヶ瀬康子　2
医療ケア　78
医療圏　1
医療と福祉の統合モデル　6
インフォーマルサービス　11
AADL　4
ADL　3
エコマップ　53
MCCEサイクル　42
エンドオブライフ・ケア　6、
　35、56、76
小澤利男　4

か行

介護支援専門員　44
介護保険制度　14
介護保険法　21
介護予防　24
拡大生活活動　4
緩和ケア　56
緩和ケアセンター　76
緩和ケアチーム　74
緩和ケア病棟　79
機能強化型在宅療養支援診療所
　66
機能強化型在宅療養支援病院　66
機能強化型訪問看護ステーション
　68
QOL　4

給付管理　44
協働　10
クライエント・ケアマネジャー
　47
暮らす　2
ケアコーディネーション　40
ケアプラン　44
ケアマネジメント　39
ケアマネジャー　44
継続看護　74
ケースマネジメント　40
権利擁護　23
高齢者虐待の防止、高齢者の養護
　者に対する支援等に関する法律
　23
国際生活機能分類　5、46
心構え　35
小関三平　3
コミュニティ　1

さ行

在宅医療　59、65
在宅看護　68
在宅療養後方支援病院　66
在宅療養支援歯科診療所　66
在宅療養支援診療所　59、65
シームレスケア　10
指定訪問看護事業所　68
指定訪問看護ステーション　68
社会資源　45
社会福祉協議会　18
終末期　56
手段的日常生活動作　4
障害者総合支援法　14
障害者の日常生活及び社会生活を

　総合的に支援するための法律
　14
障害保健福祉圏域　1
自立と生活の質の向上　40
人生の最終段階における医療　84
生活　2
生活圏　1
生活の質　4
生活福祉資金貸付制度　14
生活保護制度　13
成年後見制度　14、23
選択　35
総合相談・支援　22
ソーシャル・キャピタル　6、9、
　12
ソーシャル・サポート　12
ソーシャルワーカー　13
ソーシャルワーク　13

た行

退院支援　67、70
退院調整　70
退院前カンファレンス　73
対象者　45
多職種　26
多職種連携　26、79
地域　1
地域完結型医療　9
地域ケア会議　24
地域における医療及び介護の総合
　的な確保の促進に関する法律
　21
地域包括ケア　19
地域包括ケア研究会　20
地域包括ケアシステム　8、35、

索　引

84

地域包括支援センター　8、21

地域連携クリティカルパス　57

デスカンファレンス　80

10 facts on dementia　28

統合ケア　9

時実利彦　2

特定行為　53

な行

日常生活圏域　1

日常生活動作　3

日本司法支援センター　18

認知症　27

認知症サポーター　18

認知症に関する10の事実　28

認知症の人と家族の会　18

は行

ヒエラルキー　11

不動産担保型生活資金　14

包括・継続的ケアマネジメント　22

包括的なケアマネジメント　43

法テラス　18

訪問看護　60

訪問看護師　73

ま行

松原治郎　3

看取り　68

民生委員　11

や行

山岸健　3

ら行

療養支援　67

連携　10、24

「生きる」「暮らす」を支える地域包括ケア
―エンドオブライフ・ケアを実現するためのケアマネジメント―

2018年8月15日　初版第1刷発行

編　　者	後　藤　真　澄	
発　行　者	竹　鼻　均　之	
発　行　所	株式会社みらい	
	〒500-8137　岐阜市東興町40番地　第5澤田ビル	
	TEL　058（247）1227（代）	
	http://www.mirai-inc.jp/	
印刷・製本	西濃印刷株式会社	

ISBN978-4-86015-453-0　C3036
Printed in Japan　　　　　　　　　　　乱丁本・落丁本はお取り替え致します。